はじめの一歩を踏み出す一冊

ふつうのサラリーマンが

もっとハッピーになる
不動産投資の授業

大河原雄剛

廣済堂出版

はじめの一歩を踏み出す一冊

ふつうのサラリーマンがもっとハッピーになる不動産投資の授業

はじめに

はじめまして、大河原雄剛と申します。

私は今、15棟ほどの物件を所有している不動産投資家であり、２０１４年7月に設立した株式会社ライフラリの代表を務めています。

私が不動産投資を始めたきっかけをお話しします。

私は、埼玉県の行田市という群馬県との境の町で父子家庭の一人っ子として育ちました。私の家は、不動産業界的に言えば「市街化区域」と「市街化調整区域」の境界にあって、田園が広がるけれど農家ではない地価の安いエリアの借家でした。お金はなく、学校には問題なく通っていましたが、教科書や体操着などの購入はせず、先輩のお下がりで賄う生活をしていました。

大人になった私は、十数年前に就職をしてサラリーマンを続けていましたが、給料は上がる見込みはなく、将来に漠然とした不安を抱いていました。さらに私の父も、離れて生活している実の母も自分で所有している家はなく、世間では年金問題も騒がれている中、この先どうなってしまうのだろうと思っていました。

そんなことをぼんやり考えていても埒《らち》が明かず、ストレスを抱え込むだけでしたから、腰を据えて将来のことを考え始めました。自分もいい大人になった年齢でしたから、考えたり調べたりすれば、漠然としている問題の原因や解決策もだいたい分かるはずだと思ったのです。

そうやってもがいている中で出会ったのが一冊の本、ロバート・キヨサキさんのベストセラー『金持ち父さん貧乏父さん』でした。

この本で不動産投資というものを知り、また賃貸業という職種なら親の将来の家問題も解決できると思いました。ですが、その時点の私には不動産に関する知識は全くありません。それに、まとまった勉強の機会というのは、後ろ盾があるか生活に余裕がなければ得ることもできません。そこで、「勉強をしながら生活ができる状態」、つまり不動産業界に転職をし、不動産投資の勉強を始めることにしたのです。

人間が最低限の生活をする上で住宅は欠かせません。不動産業界に入ってみると多くの人が住む家を求めていることも分かりましたし、少しでも良い家に住むためにみんな頑張って働いているんだということも実感できました。

ただ、今の時代のサラリーマンは、そういう夢や幸福を手に入れるためにいくら仕事を頑張ってもなかなか収入が増えていかない。それが現実だと思います。経済的にも時間的にも自由を手にし、幸せになりたいとみんな思っているはずですが、いくら働いてもそれは遠いところにあって、なかなか距離は縮まっていかない。

あとで詳しく説明しますが、それは普通の生活をしていくのにかかるコストに対し、普通の日本人の収入が少ないという事が大きな理由の一つにあると思います。とくに30代〜40代にかけての若い世代は、給料がなかなか上がらない時代を生きてきましたから、全く余裕のない人が多いのが現状だと思います。しかもこの世代は、年金に期待できないという壁も立ち塞がっています。

では、この厳しい現状をどう乗り越えて、幸せを手に入れるか?

これが本書のテーマです。

「不動産投資」と謳っていますが、それはたまたま私が不動産投資について多少のノウハウをお伝えすることができるからであって、皆さんがハッピーを手にする手段があれば、それは不動産投資でなくてもいいと思っています。

現在までに不動産業従事者として数千名のお客様とお話しをさせていただき、数百棟の取引を行ってきました。また、会社に従事する社員の頃から自分でも不動産投資を行い、これからもどんどん保有棟数を増やしていく予定です。

本書では、売る側、買う側双方の立場で、日々不動産投資と向き合っている私が、これから不動産投資のはじめの一歩を踏み出そうという方に向け、知識と知恵をお伝えしたいと思います。さらに不動産投資を通じて、漠然とした不安を取り除き人生の目標を達成するヒントなどを、数多くのお客様とお話しをさせていただいた経験を踏まえてお伝えできればいいなと思っています。

また、最近、不動産投資を始められた方々にもご参加いただき、そうした方々の経験や考え方を生の声でお伝えしたいと思います。

目的はお金ではありません。お金は手段です。この本を読んでくださった皆さんにハッピーな人生を手にしていただくこと。本書の目的はそれ以外にはありません。

この本を買っていただいた皆様のお役に立てるよう本書を著しましたことを、ここに誓います。

２０１６年10月吉日

株式会社ライフラリ代表取締役
大河原雄剛

目次

朝礼

不動産投資のビフォー&アフターを私の通帳でお見せします！

――あなたの生活がどう変わるかをイメージしてください

1時間目

「何もしないリスクはこれです」の授業

◉対談――大西壮和×大河原

2時間目 「これが不動産投資です！」の授業

3時間目

「ここでお金を貸してくれます」の授業

4時間目

「物件はどう選ぶのか?」の授業

◉対談——大西壮和×大河原

5時間目

「もっと増やすには？」の授業

6時間目 「リスクは回避できます」の授業

朝礼

不動産投資のビフォー&アフターを私の通帳でお見せします！

――あなたの生活がどう変わるかをイメージしてください

預金通帳でお見せするとこうなります

これは、現在私が不動産投資で所有している15棟のうち、３棟の物件の収支を示した、本物の通帳です。

まずはこれをご覧いただき、不動産投資でお金がどう入って出ていくのかのリアルなイメージを持っていただければと思います。

この通帳の物件は、以下のようなものです。

■購入物件　１棟ものアパート３棟（埼玉県と群馬県）
■購入価格　１５００万円～３０００万円
■毎月の家賃収入　約45万円
■融資　15年～20年の間（金利２・１～２・３％）
■毎月の返済額　約20万円

①～③は、毎月の家賃収入になります。

	年月日	お支払金額(摘要)	お預り金額(摘要)	差引残高	取扱店
1	27-11-25	繰越		*1,828,177	
2	27-11-25	*38,024	証書貸付	*1,790,153	
3	27-11-25	*17,848	貸付金利息	*1,772,305	
4	27-12- 7	[redacted]	*91,169	*1,863,474	
5	27-12-15	[redacted]	*184,102	*2,047,576	
6	27-12-17	⑦ *182,900		*1,864,676	
7	27-12-17	⑧ *45,600		*1,819,076	
8	27-12-17	⑨ *142,000		*1,677,076	
9	27-12-17	⑩ *11,152		*1,665,924	
10	27-12-18	[redacted]	*90,244	*1,756,168	
11	27-12-25	④ *77,006	証書貸付	*1,679,162	
12	27-12-25	*34,738	貸付金利息	*1,644,424	
13	27-12-25	⑤ *24,849	証書貸付	*1,619,575	
14	27-12-25	*11,468	貸付金利息	*1,608,107	
15	27-12-25	⑥ *38,092	証書貸付	*1,570,015	
16	27-12-25	*17,780	貸付金利息	*1,552,235	
17	28- 1- 8	[redacted]	① *164,277	*1,716,512	
18	28- 1- 8	*870,000	振込	*846,512	
19	28- 1-15	[redacted]	② *215,979	*1,062,491	
20	28- 1-19	[redacted]	③ *67,844	*1,130,335	
21	28- 1-25	*77,144	証書貸付	*1,053,191	
22	28- 1-25	*34,600	貸付金利息	*1,018,591	
23	28- 1-25	*24,894	証書貸付	*993,697	
24	28- 1-25	*11,423	貸付金利息	*982,274	

これくらいの金額が毎月決まって、あなたの預金通帳に振り込まれることをイメージして下さい。

④〜⑥は、物件購入の際に融資してもらった融資先への返済、つまりは支出です。

このトータル金額が、あなたが毎月返済しなければならないお金になります。

すると、収入−支出（①＋②＋③）−（④＋⑤＋⑥）があなたの手元に残ります。

このケースですと、およそ25万円が差し引きの収入です。

「ちょっと待って。前の月に支出されている⑦～⑩は何ですか？」

いいところに気がつかれました。

説明しましょう。⑦は火災保険、⑧は太陽光発電負担金、⑨は固定資産税、⑩は共用部分の電気料金です。このうち毎月引かれるのは⑩で、⑦～⑨は年1回、この他、ここにはありませんが、必要に応じて臨時に支出されるものとして修繕費があります。

サラリーマンのあなたの預金通帳には、会社から毎月決まった給与が振り込まれているはずです。給与から結構なお金が天引きされていますよね。所得税の源泉徴収はもちろんのこと、住民税、皆さんとご家族の保険や年金もあります。

それらが引かれると給与の手取り額はかなり目減りします。ある程度年収のある方なら、毎月10～20万円くらいは天引きされているはずです。その分が引かれずに、まるまる手元に残ったら……と考えてみて下さい。

「住宅ローンが前倒しで返せるなぁ」

「一年に一回くらい家族で海外旅行も行ける」

「子供も塾に行かせてあげられるし」

すぐに想像できますよね。

通帳が何冊もあるとイメージしてください

物件によっては1棟を所有するだけで、これくらいのことはすぐに実現できますが、この本を手にとったあなたが目指すゴールは、その程度ではないと思います。

およそ半世紀前の1960年代、たった1軒の小さな飲食店で年商1億円を達成した伝説のオーナーがいます。牛丼の吉野家さんの創業者・松田瑞穂さんですが、松田さん、年商を2億円にするにはどうしたらいいだろうと、当時としては先進的な経営セミナーの先生のところへ相談に行ったそうです。

すると、その先生が言った言葉に松田さん、目からウロコが落ちるような感動があったそうです。

「1店舗で年商1億なら、2店舗にすれば2億円になる」

今聞けば笑ってしまうような話ですが、当時の日本にはまだ、チェーン店という概念が広まっていなかったんですね。

サラリーマン大家さんが収入を増やしていくやり方もこれと同じです。とにかく所有物件数を増やしていく。そうすれば、25万円が50万円、50万円が75万円と、チェーン店を増やしていくようにどんどん収入が増えていきます。

仮にあなたの給与の手取りが40万円だったとしましょう。先にお見せした預金通帳のようなお金を生む物件をこの4倍の12棟所有すれば、家賃収入だけでおよそ月１８０万円。返済と修繕や税金などのランニングコストを引いて残るキャッシュフローの平均が月60万円だとしても、あなたは手取り１００万円のサラリーマンになったのと同じです。

融資の返済がありますから、毎月どれだけ残るかはそれ次第ですが、一般的な融資期間であれば、給与プラスαのキャッシュフローが生まれます。

最初にお見せした預金通帳は、私が所有する物件の一部ですが、こういう通帳が何冊も手元にあると想像してみてください。

それが不動産投資を始めた人がたどり着くアフターの姿です。

それ以前のビフォーは、給与が振り込まれる通帳があり、そこから住宅ローンや家賃、食費、光熱費、電話代、お小遣い、お子さんがいらっしゃる方は教育費、などなどを引き出した後は、ほとんど手元に残らず、次の給料日を首を長くして待つような生活を繰り返していたと考えれば。余裕が全然違ってきますよね。

安全なやり方はあるんです

「でも、物件を買うにはかなりの元手が必要ですよね？　そんなに貯金ないし、俺なんかには無理だな」

あきらめが早いですね。ズバリ言いましょう。皆さんなら大丈夫です。

なぜかって？　お金を貸してくれるところがあるからです。

そもそも年収がン千万円もあるようなサラリーマンは一部の方で、そういう方だけを想定して本を書いても、読んでくださるのはごく少数の方だけになってしまいます。しかも、そういう方々は、会社がうまくいっている限り将来の心配などしなくてもいい収入があるんですから。

この本を本当に読んでもらいたいと思っているのは、仕事で得られる収入だけでは、自分が望む生活が実現できない、あるいは、貯金ができないから将来への不安がいっぱいだといった方々です。

ただ、現在の収入がさほど高くなく、不安がある人ほど「不動産投資」という言葉に警戒感を抱いてしまうのも確かなようです。

「もし失敗したら、ただでさえ苦しい生活がもっと苦しくなって、生活が破綻してしまうかも……」

そういう気持ちになるんですね。不安の上に不安が重なると言いますか、不安に押し潰されてしまうような感覚に陥り、マイナス思考になっていくからかもしれません。

この本では、年収が高い方には高い方のやり方を説明しますが、そうでない方々にも安心して「はじめの一歩」を踏み出していただけるように、極力リスクを回避できるやり方も丁寧に解説したいと思います。

通帳をお見せした通り、私自身も地道なやり方で不動産投資をしてきた経験があります。私がやってみて大丈夫な方法ですから、自信を持って皆さんにおすすめできます。

何もしないのはもっとリスクがあります

とくに20代から40代にかけての若い世代のサラリーマンは、おそらく会社や日本の社会保障の未来について不安を抱いている方が多いと思います。

現在はそこそこの給料をもらい普通に生活できている人でも、将来への不安を抱いている。だから少子化も進みますし、アベノミクスでいくら煽ってもお金を節約する人が多いので、さほど消費が上がってこない。これが日本の現状です。

逆に言えば、現状の収入が低くても、「今日より明日は良くなる」という空気が社会全体に満ちていれば、こうはならないはず。だとしたら、将来は今よりもっと厳しい現実が待っている可能性が高いということです。

不動産投資のリスクはゼロではありません。ただし、不動産投資でなくても構いませんが、給与以外の収入を得ようと考えないリスクはそれ以上だと、私は思います。何もしないリスクほど、不動産投資のリスクは高いものではありません。むしろ、危険を避けながら着実に物件を増やしていけば、ローリスク・ミドルリターンという形の投資にもなり得ます。

では、なぜそんなことが言えるのか。まずはそこから説明していきましょう。

なお、途中途中に入れました図解に「大枠メソッド」というものが出てきます。私が独自に考えたものですが、これは現在地と目的地を正確でなくてもいいから「大枠」でとらえることによって、一見難しく思えることもシンプルで分かりやすいイメージで見えてくるというものです。

この方法はライフプランを考える上でも役立ちますし、不動産投資の利益がおおよそいくら出るのかといったことも、案外簡単にイメージできるようになりますから、ぜひ、ご活用いただければと思います。

1時間目

「何もしないリスクはこれです」の授業

この本の各授業の冒頭は、不動産物件を実際に仲介して売った側の私、大河原と、つい最近、実際に物件を買い、不動産投資に踏み出したばかりの代表として大西壮和さん（35歳、サラリーマン）、そしてもう一人、大西さんとは対照的なやり方で不動産投資を始めた森山二郎さん（37歳、サラリーマン）との会話で始まります。

大西さんは現在、有名なＩＴベンチャー企業の役員で、年収は1千万円を超えています。創業間もない企業に投資もしている投資家ですが、1年ほど前に本格的に不動産投資を始め、短期間に8棟の物件を購入されました。

一方の森山さんは、年収５００万円ほどの平均的なサラリーマン。２０１５年に３０００万円の築古物件を購入し、不動産投資の一歩を踏み出したばかりですが、これから着実に所有物件を増やしていきたい希望もお持ちです。

この対照的なお二人に、ご自身の経験から不動産投資とはどういうものであり、ポイントはどこか、なぜ不動産投資をすすめるのか、さらには、どんな物件をどうやって手に入れ、収支はどうなっているのかまで語っていただきたいと思います。

解説ばかりの本、あるいは著者の成功体験を語るばかりの本でなく、物件を仲介して売る側の人間と不動産投資に踏み出した人が実体験をもとに会話することで、リアルな臨場感を共有していただきながら不動産投資を理解していただきたいと考えました。

また、お話をお聞きした後に、各授業でポイントとなるところ、解説が必要なところを私が補足していけば、読者の皆さんにより分かりやすく伝えることができる。そう考えました。

1時間目のテーマは、はじめの一歩を踏み出す心のきっかけをつかんでいただくために、「何もしないリスクとは何か」を説明します。それではまず、大西さんにご登場いただきましょう。

不動産投資を始めた理由はこれです

大河原　大西さんとはまだ1年ほどのお付き合いですが、短期間に8棟の物件を買われたわけですね。私は不動産物件を仲介し、売る側としてそのお手伝いをさせていただいたわけですが、大西さんの体験談を聞けば、きっと読者の皆さんもやってみようかという気になられるんではないかと思いました。今日はよろしくお願いします。

大西　こちらこそ、いろいろありがとうございました。大河原さんの会社、ライフラリさんには物件選びから融資のこと、管理のことまで、良いアドバイスをいただきましたから。

大河原　私はもちろん知っているわけですが、読者の皆さんに分かりやすいように、まずは、どういう経緯で不動産投資を始められようと思ったのか、そのあたりから……。

大西　もともと不動産に興味があって、実は、ライフラリさんにお世話になる前、5、6年前のことですが、一度不動産投資をやったことがありました。自分が住むために買った都内のマンションがあったんです。1LDKで価格は4000万円くらいでした。

しばらくはそこに夫婦で住んでいたんですが、その後、戸建てを買うことになりまして、その時にマンションのほうを人に貸すことにしました。大家さんになって、サラリーマンとしてもらう給与以外の収入を作りたかったんですね。

大河原　うまくいきましたか?

大西　給与以外のキャッシュフローが生まれるようになって喜んでいたんですが、しばらくしたら借りていた人が転居して空室になってしまい、その状態が半年くらい続いたんです。

大河原　それはきついですね。

大西　マンションと戸建てとダブルローンを組んでいて、家賃収入が入ってこないわけですから辛かったですね。その時に思ったのは、やっぱり区分物件、1室だけというのは恐いなと。常に空室リスクの不安を抱えているわけですから、精神的にもきついですし。今度やるのなら複数の部屋が持てる1棟買いだなと思いました。

それでそのマンションは売ってしまい、しばらくは不動産投資を控えていたんですが、ベンチャー企業に転職するタイミングで給料が少し下がった。それで、やはり給与以外の収入を作っていかないとまずいなと思い、もう一度キャッシュフロー重視の不動産投資をしてみようかと思い立ったのが2015年の初め頃でした。

大河原　大西さんの場合は年収もかなりあって、生活費が足りないとかいうことはないように思うんですが、それでも不動産投資をしようと思ったのはなぜですか？

大西　仕事がIT関連でベンチャーなものですから、今までは仕事も順調で、悪くないサラリーをいただいてもきたのですが、これから年をとるとどうなるか分かりません。年齢層が若く業態の変化も激しいですから、これからずっと一つの職場、一つの職種でやっていくのも限界がある。
そういう意味で自分の可能性を探りたかったということですね。そのためには経済的にも時間的にも余裕が必要ですから。

今の日本は不安でいっぱいです

大河原　このままではいけないという将来への不安があったということですね。大西さんのように現状が決して悪いわけではないのに、それでも将来への不安を感じて行動している方がいらっしゃる一方で、バブル崩壊以降にサラリーマンになった今の20代から40代にかけての若い世代は、大西さんのように属性の良い人は少ないのに、なぜか何も対策を打とうとしない人が多いように思います。
大西さんも私も30代ですが、私たちの世代で公的年金をきちんと受け取れると思っている人はほとんどいませんよね。年金制度自体が崩壊することはないにしても、今より支給年齢が上がったり支給額が下がったりする可能性は高いですから。

大西　「年金だけじゃ足りないよ」「年金制度はもたない」って、今でも言っているくらいですから、国の社会保障的なものに頼る気持ちは若い年代ほど薄れていますね。

大河原　そうなんですよ。でも、何かそれに代わるものを手に入れようとしているかと言ったら、していない人が圧倒的に多いんです。

大西　何かしなきゃいけないとは思いながらも、何をしていいのか分からないという人が多いんじゃないですか。

大河原　そうかもしれません。でも、僕らの世代は、給与以外の収入を作らなければいけない時代を生きているのは間違いないと思うんです。

高度成長やバブルを経験した先輩たちの話を聞くと、物価は常にインフレ状態でどんどん上がっていたけれど、それよりも経済成長がすごくて賃金の上がり方もその上を行っていたから、まったく問題なかったと言います。

住宅ローンを組んでも会社はまず潰れないし、給料が右肩上がりなので、どんどん返済できる。車だって電化製品だって普通に買えるし、円が変動相場制になって円高が進んでからはみんな海外旅行にも行くようになった。今問題になっているような国の借金もほとんどなく、高齢化も進んでいなかった時代ですから年金制度も安定していました。

大西　僕らが小さい頃までは、日本が世界経済をリードして、貿易黒字をバンバン出していたような時代があったんですよね。バブルが崩壊したのは僕らが小学校3、4年くらいのときで、その後はずーっと日本はデフレ状態で、マックのハンバーガーが100円になったとか、牛丼の値段がまた下がったとか、つい最近までそんな話ばかりでしたもんね。

大河原　物価が下がるだけならいいんですが、その間、高給取りの中高年はリストラされ、若い世代のサラリーはさっぱり上がらないような状態が続きましたよね。ここ数年、アベノミクスで東京の景気は少し上がっているみたいですが、まだまだ日本全体が良くなったわけでもないのに、物価だけが少しずつ上がってきたので、まずまず苦しくなっていますよね。

不動産投資は株やＦＸより安全です

大西　若い世代に限らないと思いますが、みんな将来への希望よりも不安を抱えて生きています。で、給料以外の収入を作るには、やはり不動産投資だと。大河原さんの出番ですね。

大河原　そう言いたいところですが、本音を言えば、給料以外の安定収入を作れるのであれば、別に不動産投資でなくてもいいと思うんですよ。週末副業でもいいでしょうし、株式投資やＦＸ、才能があれば、本を書いてベストセラー作家になったっていい。

ただ、自分がやっているから言うのではなく、そういうもので収入を得るのは不動産投資で収入を得るより易《やさ》しいとは思えないんです。とくに、不動産投資は多少の上下はあるにしても、毎月決まった収入が得られるということ。安定収入という点ではかなり優れた投資だと思います。

大西　株やＦＸはうまくいったときはすごい利益が出るんでしょうが、下手をすると即ゲームオーバーなんてこともあり得ますからね。たぶん、勝つ人に比べて負ける人の割合は極端に多くて、ＦＸなんて８割の人が痛い目に遭うとも言われていますから。

大河原　そこが大きな違いかもしれません。後で詳しく語りますが、不動産投資は、リスクとリターンの関係で言うと、ハイリスク・ハイリターンの投資ではありません。今のように状況が良く、運用額が上げられれば、ローリスク・ミドルリターンと言っていいと思います。

実際、私の会社の仲介で物件を購入していただいた方たちや知人で収益物件を買われた方が数百人はいますが、誰一人、収支がマイナスになっているという話は聞きません。そ

う言うと怪しまれるので、本当は少しくらい失敗例があるほうがリアリティがあったりするんですが、本当なんですね。（笑）

大西　私がやってみた感覚で言っても、今のところマイナスになるかもしれないという不安は感じませんね。1棟買いを続けて物件数を増やしていることがリスクヘッジになっているということもあるかもしれませんが。

大河原　もちろん不動産投資では、地価の下落で物件価値が下がったり、ローン金利が上がったりするリスクは常にあるわけですが、着実なやり方をしていれば、そうなったときもそれほど慌てる必要はないと思います。

これも後で説明しますが、ある日突然、リーマンショックのような事態が起こって即ゲームオーバーといったことは、よほどのケースでない限り、不動産投資の世界ではまず起こりません。リスクを最小限に留めることができないわけではないんです。

あと30年で3億円稼げますか？

大西　私は多少なりとも不動産投資を経験してから、大河原さんの会社と出会いましたから、良い物件さえあればと最初から前向きだったわけですが、一歩踏み出すかどうかを迷っている方もいらっしゃいますよね。そういう方にはどういう言葉を投げかけるんですか？

大河原　相談にいらっしゃる方は30代、40代のサラリーマンの方が多いんですが、まず、ご自分の生活を数字で具体化してみましょうということです。

「失礼ですが、現在どれくらいの収入があって、どれだけの支出がありますか？」

「自由に使えるお金はいくらくらいあるのが理想ですか？」

こうお聞きするわけです。サラリーマンの方だと、給与収入から生活費を引いた残りが自由に使えるお金、つまりは余裕分になります。次に、

「仮に80歳まで生きるとして、今から80歳までにいくら必要になるでしょうか？」

と尋ねます。もちろんその方の年齢や家族構成などによって答えは違ってきますが、たとえば、今30歳で独身の方であっても、やがて結婚されてお子さんも2人くらい欲しいなと思っている平均的な方の場合、贅沢をしない普通の生活をしたとしても、ざっと3億円くらいはかかるんですね。

「その額を30歳の方が60歳までサラリーマンを続けて得る30年分の労働収入だけで賄うと

大枠メソッド 01

生涯コストの簡易計算法

年間の消費金額　×　予定寿命

万円	×	あと　　　年

⬇

生涯で必要になる金額

万円

したら、年収は3億円÷30年で年収1000万円。ただしこれは税引き後の手取りですから、額面なら1200～1300万円が必要になります。普通はここに60代から受け取る年金を生涯収入の一部として加算しますが、先ほど言ったように年金は期待できない世代ですから、計算に入れません。

しかも、これだけの年収があっても贅沢をしたらダメな生活レベルですから、都会の便利なところに住みたい、ちょっといい車も欲しい、子供には稽古事や塾にも通わせてあげたい、年1、2回は家族旅行も行きたいなどなど、できることなら加えたい要素はたくさ

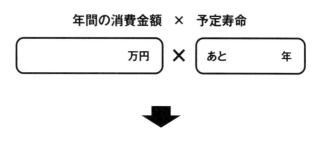

んありますよね。だとすれば、このままで大丈夫でしょうか？」
こんなふうに語り始めることが多いですね。（右図参照）

早く現実に向き合ってください

大西　さすが、思わず前のめりになりそうなトークですね。（笑）

大河原　いえいえ、決して営業トークで言っているつもりはないんです。もちろん、お客さんにその気になってもらい、物件を仲介するのが僕らのビジネスですが、「ハイ、売れました、チャリーン！」みたいなビジネスはしたくありません。

売る側の私もお客さんとだいたい同世代ですから、厳しい現実はよく分かっています。ただ、現実としっかり向き合って何とか乗り越えていこうとする人と、目を背けて何もしない人がいる。格好良く言えば、後者の人たちにも現実を知ってもらい、でもあきらめずに突破口を開いてもらいたい。幸せになってもらいたいと真剣に思っています。

大西　たぶん、厳しい現実はみんな何となく理解しているとは思います。けど、だからと言ってそれを打開する策があると思えないんだと思います。若いうちはとりあえず体は元気だし、明日のメシに困らなければそれ以上は望まないというスタンスで、将来のこと、老後のことは考えたら不安になるから、考えないようにしているんじゃないかと思います。

大河原　労働収入のあるうちは何とかしのげても、年をとったら厳しい現実に直面するわけで、そうなってから「さあ、どうしよう」では遅いんですね。今の時代、若くても会社が傾いて放り出される可能性だって結構ありますし、若いうちに将来に向かって人生のプランニングをする、手を打つ必要があると思うんですよ。

大西　不動産投資をやってみて思うのは、給料が保証されているサラリーマンで、返済期間も長くとれる若いうちでないと思うようにはできなかったことだなと思いました。

大河原　自分の人生を数字に置き換えて考えたとき、自分が理想とする生活、心の余裕を持てる生活をするのにお金が足りてますか？　足りませんよね、ということです。先ほどの計算で言えば、年収1千万あるから贅沢な暮らしができるわけでもない、理想を言えばもっと必要なはずです。

うちの会社のお客さんにも「理想の生活」を聞いてみるんですが、だいたい「都内近郊にマンションを買いたい」「車は500万円超クラスが欲しい」とか、そういう話が出ます。それを実現するとしたら、マンションは30歳で買って50年住み続けるとは考えられないので2回買うとして、1回が5000万円だとしても1億円。車は10年に1回の買い替えを5回と保険や燃料費などを足して5000万円。計プラス1億5000万円ですから、先ほどの3億円と足せば4億5000万円になります。

あと30年で4億5千万円稼がなければいけないとしたら、手取り年収で1500万円が必要ですね、共働きで稼いでいるのに全然生活が楽にならないのは、そういうことなんですねと、こういう話になるわけです。あくまで概算ですが、とにかくイメージしてもらう必要があると思います。

で、「給料だけでいけますか?」「いけません」「だったら考えませんか?」「そうですね」という話になることが多いです。

そのときに、不足分を埋める手段は必ずしも不動産投資でなくてもいいけれど、その一つとして不動産投資を考えてみるのもいいんじゃないですか、ということです。

ちょっと別の話になりますが、あったら多くの日本人に喜ばれるだろうなと思うスマホアプリを考えました。

カーナビならぬライフナビです。現在の自分から目標とする自分までをカーナビのようにナビしてくれるアプリです。

大西　目的地の代わりに目標の自分ですか。

大河原　そうです。先ほどの話ですと、60歳の時点までに3億円を作るといった目標ですね。今はやりのビッグデータを活用して、日本人の生き方を参考にできるアプリケーションです。

カーナビ「700m先を左です」の代わりに、ライフナビ「2年後に年収1000万円の○○社に転職です」だとか、カーナビ「1㎞先、高速道路を利用します」の代わりに、ライフナビ「5年以内に出世して収入を○○万円まで上げます」と人生の道案内があれば、漠然とした不安を持っている方々も安心できるのではないかと思います。

大西　面白いですね。カーナビでは目的地までの複数のルートを提案されますが、ライフプランにも複数のルートがあるでしょうしね。最速で到達するルートだけど道のりが厳しいとか、道のりは緩やかだけど目的地到達までの時間が少しかかってしまうとか。そんなアプリがあったら絶対利用しますね。

大河原　全員のスタートラインが違いますし、目的地も別ですから実現は難しいでしょうね。でも、多くの方々が不安なのは、将来の道筋が見えないからだと思います。道筋が見えるようになってくると生き方が変わってくるんじゃないでしょうか。

ライフプランは自分で設計するしかありません

カーナビならぬライフナビのスマホアプリがあれば多くのニーズがあり、不安を解消する一つの助けになると思うのですが、実現は難しいでしょう。とすると、自分自身で目的地までの道筋を考えなくてはいけません。日本ではこのあたりを教育されていないので、考えることが苦手になっています。そこに私たちの問題点が隠れているように思います。

道筋を考える上で大事なことは、現在地がどこか、そして目的地がどこか、これが分かることです。漠然とした不安を抱えている方々は北に進めばいいのか、それとも南に進めばいいのかが分からず、目に見える範囲の中でもがいている状態です。ナビの精度が高くなくても、方向が分かれば少なくとも目的地に近づきます。

では、現在地と目的地を正確ではなくても良いので大枠で把握しましょう。大枠にすることで、考えると恐くなる将来と向き合えますし、難しいと思われているライフプランについても簡単にイメージできるようになります。大枠で把握した後に、皆さんそれぞれが精度を高めていけば良いと思います。これを「ライフプラン大枠メソッド」と呼びましょう。

まずは簡単にこれからの人生において使うお金、総コストを概算で出してみてください。30歳の方で3億円でしょうか。意外に高いと思われる方が多いようですが、残りの人生の年齢で割ってみるとイメージしやすいでしょう。80歳まで生きるとして残り50年です。年間600万円を使うということですね。600万円で十分と思われますか？　目標とする生活は年間600万円の生活でしたか？

昨年1年間で使った金額はおいくらでしょうか？　簡単に計算すると年収から昨年の税金と貯金を引いた額が昨年使った金額です。現在独身の方であれば、今後家族が増える分を計算してください。ご家族がいらっしゃる場合は、その金額×残りの年齢＝今の生活レベルを送るだけで、生涯に必要になる金額が出ます。

結構大きい金額が必要になると思われたのではないでしょうか。

年収1000万円を目標にされている方も多いと思いますが、年間1000万円の生活というのは、家族がいる場合には思っているほど裕福な生活にならないと思います。車は海外の高級ブランド車はなかなか難しいでしょうし、居住地も都心部はなかなか難しいでしょう。それでも、残り50年間を毎年1000万円使って過ごすには30歳なら5億円、40

歳ですと4億円が必要になります。

目的地を設定するのは目標を設定することですから、いろいろなパターンで目標を考えてみると面白いと思います。自分の頭の中だけで考えることですから、誰にも遠慮は要りません。

現在地の設定は日本の現状です。私たちも何年間か社会人をして給料の相場または限界がなんとなく分かるようになってきました。それを60歳まで続けるとしていくら作れるでしょうか。

ライフプラン大枠メソッドを利用して、目的地と現在地をつなげる道筋を何となくでもイメージしてみることが大事です。これだけで、私たちの問題点が少しずつ見えてくると思います。

狭い日本は不動産価値の高い国です

大西さんとの話の中で言いましたように、給料では足りない分のお金を稼ぐのは、何も不動産投資でなくてもいいと思います。

ただ、今、不動産投資がブームのようになっていて、本屋さんに行けば、不動産投資のコーナーが活況を呈している。不動産投資をすすめる本が、ここ1、2年で異常に増えているわけです。

不動産投資のやり方を解説する本が増えているのは、本が売れるからでしょう。本が売れるということは、関心のある人、プレーヤーになりたい人が増えているということ。その理由は、大きく3つあると思います。

一つは、不動産の価格が上昇局面にあり、不動産投資に有利な状況が生まれているからです。

不動産を売りたい人より買いたい人が多い状況、つまり不動産の需要が供給を上回れば、需要と供給の原理によって不動産の価格が上がります。そういう時代に不動産を買っておけば儲かると考える人が増えるのは自然なことです。

もともと日本には、土地を買えば儲かるという時代がありました。

70年以上前の戦争で日本は負けましたが、戦後の日本は世界中がびっくりするような勢いで復興を遂げます。私を含め、今の若い世代は経験していない高度経済成長と言われた時代です。

その頃から、日本には「土地神話」が生まれます。とにかく土地の価格は上がる一方で、下がることはまずない。だから、土地さえ持っていれば将来安心だというわけです。

日本は島国で、アメリカや中国のように広大な国土があるわけではありません。山が多くて平地も限られています。その割に人口は1億人超とかなり多い。だから、少しでも豊かで便利な暮らしをしようとみんなが思えば、土地が足りない。そういう国の条件から生まれたのが土地神話だったわけです。

「黒田バズーカ」で不動産価格が上がり始めました

「地価は下がらない」という土地神話の状況は1990年代初頭まで続き、ピークを迎えます。これがバブル経済と言われた時代です。

それまで株や不動産に投資する日本人は限られていました。預貯金金利が5%を超えているような時代が続いていましたから、銀行や郵便局に預けておけば、投資などしなくてもお金が増えた。これなら、わざわざリスクを負って投資する必要はありませんよね。

聞けば、今から30年くらい前のバブル期というのは、金利が下がり、預貯金のメリットがなくなったことで起こった投資ブームの時代だったんですね。

まとまったお金を持っている一般の人たちがこぞって株を買い、個人や企業が不動産を買い漁るようになれば、当然価格は上昇します。買えば上がるわけだから、それを売れば儲かる。儲かったお金でまた投資をすれば、また儲かるというわけで、銀行はじゃんじゃんお金を貸した。

お金がお金を産むようなその状況を、いつか消えてしまう実体のない泡がどんどん膨らんでいくようだというのでバブルと言ったわけですが、あまりにも投資ブームが加熱したせいで、不動産価格はとんでもなく上昇してしまい、「これでは庶民はマイホームを持てない」という不満が溜まってきたところへ、政府が土地の売買に規制をかけた。そうしたら、バブルが弾けてしまった。

こうして、不動産価格は一気に下落し、戦後ずっと続いてきた土地神話も崩壊したというのが30年前のバブル崩壊だったようです。

すると、それまで絶好調だった日本経済は最近まで長い停滞期に入り、なかなか浮上のきっかけをつかめずにいましたが、この状況下で登場したのがアベノミクスです。

2012年暮れに成立した第二次安倍政権が打ち出した経済政策、アベノミクスは「黒田バズーカ」と言われた日銀による通貨の量的緩和と連動することによって、円安・株高という多くの企業にとって好ましい状況を作り出し、物価が下がり続けるデフレ状態を脱却しようとしました。

日銀がお金の流通量を増やせば、円が安くなる、円が安くなれば、それまで円高に苦しんでいた輸出企業などが儲かるようになり、企業の株価も上がる。そうすれば、賃金が上がり、消費が上がり、経済はインフレに向かうという景気の好循環が生まれるというわけです。

この経済政策が功を奏して日本経済は上向きになり、十分に安くなっていた不動産に投資しようという個人や企業が増えたため、少しずつ土地の価格が上がり始めました。

さらに、2013年には2度目の東京オリンピック開催（2020年）が決まり、「少なくとも東京オリンピックまで不動産は下がらないだろう」という心理的な弾みがつきました。

余っているお金を銀行は貸したがっています

２つ目は、日本のお金の量が増えたことです。日銀がお札をたくさん刷って銀行が持っている国債をどんどん買い上げたので、銀行にはお金が余るようになりました。

もちろん、銀行はただお金を持っていても儲かりません。金利をつけてお金を貸し出し、返済してもらうことで、儲けが出る。これが融資です。

銀行は一般の人々からお金を預かって金利をつけていますが、現在では普通預金の金利は０・００１％、定期預金でも０・０１％といった微々たるものです。ところが、個人や企業に融資する場合の金利は、ローンの種類や条件によって違いますが、１〜４％といったあたり。銀行はお金を貸せば儲かるわけです。

この時、個人よりも企業のほうが借りてくれる金額が大きいので、銀行は企業に借りてもらいたいと期待しました。お金の量を増やしてやれば、銀行の融資が活発になって企業の設備投資などが増え、日本経済がうまく回っていくと安倍総理も期待したわけですが、銀行には貸したいお金が余っているのに、思ったほど企業は借りてくれませんでした。

一時的に業績が良くなっても、またすぐに悪くなるかもしれない……。そう思った多くの優良企業は内部留保を貯めて危機に備えることに一生懸命で、お金を借りて新たな事業に投資することを以前ほどしなくなったのが大きな要因の一つだと思います。

銀行のほうも貸したいのは山々でも、きちんと返済してくれるかどうか分からないような企業にまで貸し出すのは嫌ですよね。そこで目をつけたものの一つが、個人レベルでの不動産投資への融資ではなかったかと思います。

不動産物件を購入して家賃収入を得る、あるいは機を見て売ることで売却益を出そうというのが不動産投資ですが、不動産は区分物件（1室）でも数百万円、アパートを丸ごと購入する1棟買いなら数千万円〜数億円の資金が必要になります。動くお金が比較的大きいわけです。しかも、いざとなれば不動産は売ればお金になりますから、貸したお金が丸々回収できなくなる可能性は低い。

不動産投資は、参加するプレーヤーの数が増えて不動産の需要が増えれば、必然的に不動産の価格は下がりにくくなりますから、プレーヤーになりたい人がどんどん増えます。

銀行としては、そういう状況が続けば融資リスクも低くなりますから、プレイヤーの数を増やしていって、融資で儲けたいと思う銀行が増えていきます。できるだけ大きなお金をできるだけ小さなリスクで貸したいというのが銀行の本音ですから、今の時代の不動産投資というのは、銀行から見ても魅力的な融資なんですね。

不動産投資に融資したい銀行がたくさんあるとすれば、金利は必然的に低くなっていきます。そうしなければ、お金を借りてもらえませんから。そうなれば、「じゃあやってみるか」と、当然プレーヤーの数は増えていきます。そして、収益を生む不動産物件の需要が増えますから、価格も下がりにくくなります。

今、そういう状況が生まれているので、不動産投資の本が増えているわけです。

将来への不安を解消したいと思うのは当然です

3つ目は、先ほどの大西さんとの話にも出ましたが、やはり若い世代を中心に将来への不安が高まっていることがあります。

昔のように日本経済が右肩上がりで給料がどんどん上がっていく状況にはなく、〝日本のいい時代〟を知らないのが今の若い世代です。会社のサラリーは低く抑えられたままの人が多く、若い世代では年収500万円に届かない人もたくさんいます。

こういう厳しい現実が少子化の原因ともなっているわけですが、少子化で労働人口がどんどん減り、医学の進歩や健康ブームで高齢化のほうは進むと、こと年金制度に関しては当然厳しい状況になりますから、自分たちは年金に頼ることはできないんだろうなと若い世代は感じています。

とすれば、先ほど述べたように、80歳までの人生を考えたら全然お金が足りない。年収1千万円あっても理想的な暮らしはできないと、ちょっと計算してみれば分かるわけです。そこでみんな不安を抱え、不安なままではいけない、何とかしようという若い人たちがかなり出てきた。それが不動産投資ブームにつながっているんじゃないかと、私は考えています。

単純に考えて、サラリーマンをやめても生活できるだけの収入があれば、少なくともお金の面で将来への不安を解消できますよね。そうなれば、気持ちに余裕が生まれますから、いろんな意味で人生が変わります。

欲しいものを我慢しなくてよくなったり、子供の数が違ってきたりもあるでしょうが、それだけではありません。気持ちに余裕ができるということは、仕事をする上でも好影響がありますし、自分に投資して夢にチャレンジすることだってできるかもしれません。

ひと言で言えば、人生の選択肢が増え、可能性が広がる。そして、幸福が手に入る。

皆さんが不動産投資の第一歩を踏み出すとして、間違ってはいけないのは、こういうことが目的であって、決してお金儲けが目的ではないということです。

不動産投資はそのための手段に過ぎません。別に不動産投資でなくても構いませんと言ったのは、そういうことなんですね。

サラリーマン年収500万円の方が、不動産投資で年に500万円を稼ぐことができれば年収1千万円。まだそんなに贅沢はできませんが、これを実現しただけで間違いなく人生の可能性が広がります。

将来への不安を抱えて生きていくのはつらく、苦しいことです。そして今、何とかそこから脱出し、心の余裕を、幸福を手に入れたいと不動産投資を始める人が増えている。そこで、皆さんが将来への不安を抱えているのなら、それを解消するお手伝いをするのが私の仕事だと、本気で思っています。

収入には、労働収入と資産収入しかありません

先ほどの大西さんとの話で、今、30歳の方がこれから80歳まで生きるとして、贅沢をし

ないとしても3億円が必要になるという話をしました。

3億円の収入を定年を迎える60歳までの30年で得るとしましょう。人が作りだす収入というのは、2つしかありません。働いて得られる労働収入（サラリーマンで言えば給与）と資産収入（資産運用で得る非労働収入）です。

労働収入に資産収入を足したものが総収入で、そこから生活していくのにかかるコストを引いたものが資産として残ります。

これが「資産の公式」です。子供に資産を全く残さなくていいとしても、生活コストが3億円かかるわけですから、労働収入と資産収入の合計が3億円にならなければいけないという話です。

ちなみに、世の中のビジネス書と言われるもののすべては、労働収入を上げる話か、資産収入を上げる話か、さもなくば生活コストを下げる話になっているはずです。何かの資格を取るとか仕事の効率を上げるといった本は労働収入を上げる話ですし、株で儲けましょうという本は資産収入を上げる話、賢く青色申告しましょうという本ならコストを下げる話になっているわけです。

大枠メソッド 02

資産の公式

資産 ＝ 労働収入 ＋ 資産収入 － コスト

今30歳の人があと30年で稼がなくてはいけない生活コストが
3億円（残す資産は0、年金はあてにしない）だとすると…

▼

労働収入 1000万円×30年＝3億円 OK

労働収入 500万円×30年＝1億5000万円

1億5000万円 不足

不足分を資産収入で補う必要がある

コストと収入のバランスが崩れています

それはさておき、みなさんの収入が労働収入だけだったとします。すると、年収が1000万円あれば30年で3億円の収入が得られますから、資産収入がなくても一応OKとなります。しかし、現在の日本の平均給与は年収500万円くらいと言われていますから、そのレベルの人はあまりいませんよね。

つまり、コストと年収のバランスが完全に崩れているのが今の日本です。年収500万円の平均的な人で言えば、30年で得る収入は1億5000万円（50年で考えれば年間300万円の生活費）ですから、3億円に1億5000万円も足りない。実際には共働きの奥さんがある程度は補うとしても、まだまだ足りない。

そこでもし、1億5000万円の資産収入が作れたら、旦那さん一人の労働収入でもいけるわけです。

実際、数字にしてみるとこれが日本の現実なんですが、こういうことを意識している人は少ない。今の日本では、「あと1億5000万円をどう作るか」を考えなければいけないはずなんですが、考えている人は少ないということです。

この状況が続いたらどうなるでしょうか？

「年金なんて頼りにならない」と言っている人は多いですが、結局、お金が足りない分は年金に頼らざるを得なくなり、その年金では全然足りないから国に文句ばかり言っているお年寄りになっていくのでしょうか。

皆さん、そうはなりたくないですよね？　でも、これが現実ですよ、何もしなかったらそうなりますよ、と私は思うわけです。

いかがでしょうか。ここまでの話で、資産収入がいかに大事かということを理解していただけたでしょうか。

資産収入は「運用額×運用率」で決まります

では、資産収入とはどういうものかといえば、これにはさまざまな種類がありますが、どれも「運用額×運用率」で求められる収入になります。

案外気がつかない人が多いのですが、実は労働収入以外に皆さんも収入を得ているものがあります。

銀行の預金通帳はお持ちですよね。微々たる額とはいえ、定期的に金利がついてお金が増えています。普通預金ならわずか0・001％、定期預金でも0・01％といった運用率ですが、預金も資産収入の一つで、運用益を得ているわけです。

100万円を預貯金として預けている場合、

100万円×0・001％＝10円です。

この他にも64ページの表に示したとおり、株式投資をやっていればその運用額と運用率に応じた運用益（プラスになるとは限りませんが）が出ますし、保険も1％くらいの運用益が出る商品があります。

100万円を株式投資や投資信託で年間10％の運用をしている場合、

100万円×10％＝10万円

100万円を返戻金付き生命保険で税控除も考慮して年間1％の運用をしている場合、

100万円×1％＝1万円

別名社会保険と言って保険の一種である年金も運用されています。あるいは、ある会社に投資して、株式上場後に100万円が1億円になりましたなんてことがあれば、すごい運用率になるわけですね。

私自身のことで言えば、会社を起こしたとき、私は資本金を会社に入れました。そうして社員の皆さんに働いてもらったおかげで、その運用リターン（役員報酬）が入るようになりました。多くの場合ビジネスの運用率は年100％くらいではないでしょうか。

労働収入以外は資産収入ですから、宝くじやギャンブルなども資産収入です。宝くじは法律で倍率の上限50万倍＝5000万％と決まっています。

300円×5000万％＝1億5000万円

ただし運用率の平均値をとれば、必ず親（発行元）が勝つことになっていますからマイナスになります。宝くじの払い戻し率はおよそ50％ですから、平均の運用率は▲50％です。

宝くじを100万円分購入して平均値での払い戻しの場合、

100万円×▲50％＝▲50万円

お金持ちは宝くじを買わないと噂される理由ですね。

こうしたものすべてが資産収入で、この本のテーマである不動産投資ももちろん資産収入の一つになります。

不動産投資はローリスク・ミドルリターンです

表（次ページ表参照）にして整理してみましたが、この中で運用率が高いものは会社（起業）とＩＰＯ（新規公開株）ですよね。でも、これだけリターンがいいのにやる人は少ない。それだけ失敗するリスクも高い（再現性が低い）、ハイリスク・ハイリターンの資産運用だからです。逆に言えば、これくらいのリターンがなければ、誰もやらない。宝くじなどは再現性がとても低いですがリターンがとても高いので、やる人がいるのですね。

反対に、ダントツにローリスク・ローリターンなのが預金で、預金が知らないうちに減っていたなんてことはないので、運用率も低い。運用率は、リスクの高さに比例しているわけです。

そういう中で不動産投資を見ると、仮に運用率が８％だとすると、預金に比べれば高いですが、ダントツに高いわけでもありません。にもかかわらず、表の右側に示した運用益を見るとどうでしょう。意外に高いと思いませんか？

つまり、リスクはそれほど高くないのに、悪くない運用益が出るのが不動産投資。なぜなら、運用額が高いからなんです。

大枠メソッド 03

資産収入は、運用資産額 × 運用率 で決まる!

	運用額	×	運用率	=	資産収入(年)
預金	100万円	×	0.001%	=	10円
株	100万円	×	5%	=	5万円
保険	100万円	×	1%	=	1万円
年金	100万円	×	1%	=	1万円
不動産	1億円	×	8%	=	800万円
会社	1000万円	×	100%	=	1000万円
IPO	100万円	×	10000%	=	1億円(株式公開後)
宝くじ	100万円	×	▲50%	=	▲50万円

こうしてみると、運用額が高くて運用率が高ければうまくいったときのリターンは多いけれど、あまり運用率が高すぎるとハイリスクで手が出しにくい。不動産投資は、お金を借りて買うことができるので、運用額が高く設定できて運用率もそこそこだということが分かると思います。

つまり、本来ならばローリスクのものはローリターンであるのが常識なんですが、やり方によってはローリスク・ミドルリターンとなるのが不動産投資なんですね。

運用額、すなわち購入物件の価格が大きくても小さくても、不動産投資の運用率はあまり変わりません。言い方を換えれば、同じリスクで大きな運用をすることが可能だということです。

逆に、大西さんの話にも出てきたように、1部屋だけの区分物件よりも1棟物件の空室リスクのほうが小さくなることもあるので、大きな運用をしたほうがリスクが小さくなるくらいです。

また、運用率の観点から言うと、高くない運用率で取引される商品というのは、世間がその運用率でも購入するということ。思っているよりも再現性が高い＝失敗する可能性が低いということです。

感覚として言うと、不動産投資で1億円を運用することは、株主優待が手厚い株を1億円分購入し、株主優待のチケットを転売するのと同じくらい固い収入につながるのではないかと思います。

目標達成までのスピードが違います

少し前まで不動産投資の本で目立っていたのは、「サラリーマン大家さん」という言葉でした。藤山勇司さんが『サラリーマンでも「大家さん」になれる46の秘訣』（実業之日本社）というベストセラーを2003年に出し、続いて「サラリーマン大家さん」を名乗る人が次々と本を出して、この言葉が広まっていきました。

こうした方々の本では、裁判所が管轄する利回りの高い競売物件を数百万円で落札し、リフォームをして貸し出し、次はその物件を担保にお金を借り、徐々に物件を買い増していくといった手法が書かれていました。

確かに競売ではものすごく格安な物件が出ますから、そういう物件を購入して1軒ずつ手を入れながらコツコツとやっていくのは、着実な手法であるとは思います。当時はまだサラリーマンが大家さんになれるなんて思っている人もいなかったので、そこに道を拓いたという意味でも画期的でした。

ただ、私のようなものぐさな人間から見ると、ちょっと時間と手間がかかるな、という印象がありました。競売は、裁判所が公開した競売物件を現地まで足を運んで調べ、裁判所まで行って入札し、落札するという手順を一つひとつ自力でやらなければなりません。もちろん勉強して物件や物件の資料を見る目も養わなければいけません。

それ以外にも、空室リスクを減らすために地元の不動産屋さんを回ってお願いしたり、リフォームを安くやってくれる業者を探したりと、やることはいろいろあるんですね。

マメな性格で、時間と労力を惜しまずという人ならいいでしょうが、本業が忙しいサラリーマンにはなかなかハードルが高いなと思ったものです。

しかも、今のように銀行がサラリーマンの不動産投資を後押しし、1棟物件を買えるような時代になると、競売物件を落とすやり方はスピードと規模という点でどうしても見劣りします。

時間と労力をかけたら「不労所得」ではなくなります

競売物件の魅力は利回りが高いことで、利回り20％、30％といった物件も確かにあります。ですから、こうした物件を落札して購入するのに銀行が融資してくれるのなら、あまり時間をかけずに高利回りの物件を手に入れることもでき、メリットは大きいと思います。

ただ、残念ながら競売物件の購入に対し、落札のタイミングの関係上、融資利用は簡単ではありません。ですから、最初の物件は自己資金投入になり、次の物件にいくときにも、銀行が貸してくれるのは、最初の物件評価額が限度になるでしょうから、増やしていくためには1件、また1件とやっていくしかありません。

先ほどの話で言えば、運用率はいいけれど、運用額を大きくするには時間がかかる。ローン返済や固定資産税、修繕費などを差し引いたキャッシュフローでサラリーマン年収並みの収入を得るためには、かなりの時間と労力がかかるということです。

もちろん、人それぞれの考え方ですから、競売から入るやり方を否定はしません。ただ、時間と労力をかけるやり方をするとすれば、それはもはや「労働」ですから、それで収入が得られたとしても非労働であるはずの「資産収入」と「労働収入」のミックスになってしまう。

今、同じ「サラリーマン大家さん」を目指すとしても、最低限の労力で短期間に大きなキャッシュフローを得る不動産投資ができるのならやってみたいという人が確実に増えています。

ですから、今増えている不動産投資の本の多くは、時間を使わず、自己資金もできるだけ使わず数千万円から数億円の融資を引っ張ってきて、1棟ものを購入するやり方を解説する流れになっているわけです。

私がこの本で説明するのも基本は同じやり方ですから、他の本と重なる部分はかなりあります。ただ、実際に不動産投資の物件を仲介している人間として、また、自分でも収益物件を購入して投資を実際にやっている、みなさんと同じ立場の人間として他の本にないリアリティと情報を提供することができると思っています。

それでは、2時間目からは不動産投資とはどういうものか、そして重要なポイントである融資や物件について、時に大西さんや森山さんとの会話も交えながら、進めていきたいと思います。

2時間目

「これが不動産投資です！」の授業

2時間目は、不動産投資というものがどういうものか、イメージがつかめていない方のために、「なるほど!」というイメージをつかんでいただくための授業です。

ですから、すでに知識のある方、実際に始めている方は読み飛ばしても結構ですと言いたいところですが、なるべくなら、ここもじっくり読んでいただきたいと思います。

というのは、すでに経験のある方でもたとえば、「キャッシュフローが出なければ失敗だ」とか「土地の値上がりが見込める都心部でしか成り立たない」と理解していたり、不動産投資を部分的、断片的に理解しているケースが多いからです。

1時間目で説明した通り、サラリーマンの労働収入では足りない分を、キャッシュフローや資産を作ることで補いましょう、そして余裕のある幸せな人生を手に入れましょうというのが不動産投資の目的ですから、必ずしも目先のキャッシュフローにこだわる必要はありません。

もちろん、キャッシュフローが出るに越したことはありませんし、収支がマイナスになると物件を増やしていくことが困難になりますから、キャッシュフローは大きなポイントではありますが、何が何でもということではありません。

そういうケースの代表として、森山二郎さん（仮名。37歳、サラリーマン）にご登場いただくことにしましょう。

「3000万円の1棟アパートを買いました」

大河原　森山さんにうちで仲介した最初の物件は栃木県宇都宮市の1棟アパートでしたね。

森山　そうです。購入したのは2015年の3月ですが、購入価格は3000万円ほど。築23年の木造アパートで部屋数は6室、1室当たりの家賃は5～6万円の物件です。

大河原　不動産投資のイメージを説明するとなったときに、思い浮かんだのが森山さんのケースでしたものですから、ぜひご登場願おうと……。

森山　それは光栄です。でも皆さん、もっと高額な物件を購入されているんじゃないですか？

大河原　この本でたびたびご登場いただく大西さんなどは、億単位の物件から一歩を踏み出されています。ただ、そういう方が多いかというと、そうではありません。やはり5000万円くらいまでの物件から始められる方が多いと思います。

森山　そうですか。私は年収があまりないもので、小さなものからしか始められなかったんです。

大河原　年収1000万円を超えているような方しかできないというのでは、私たちのお客さんも非常に限られてしまいますから。

「入居率90%、キャッシュフローは年30万円です」

大河原　ところで、融資は公庫（日本政策金融公庫）で15年ローンでしたね？

森山　そうです。金利2・4%の15年です。

大河原　栃木県の物件ですが、ちょっと離れていますから、利回りは高めでしたか？

森山　12%台です。高めなんですかね？

大河原　栃木県で12%はまずまずだと思います。

森山　そうなんですか。私は年収だけでなく、知識もなかったもので、その辺があまりよく分からないまま、すすめられて購入したんですね。

大河原　うちのスタッフを信頼していただき、ありがとうございます。で、その後はいかがでしょうか?

森山　あまり知識がないものでほとんど管理会社の方に任せていますが、今のところ、とくに問題を突きつけられたことはないですね。

大河原　入居率はいかがですか?

森山　出たり入ったりはあるようなので、100%というわけにはいかないみたいですが、管理会社からの報告を見ている限り、平均で90%近くはいっていると思いますね。

大河原　6部屋で90%近いということは満室か、空室が出ても5部屋は埋まっているわけですね。

森山　そんな感じだと思います。

大河原　それでしたら、キャッシュフローは残るんじゃないですか?

森山　まだ始めて間もないのでよく分からないんですが、家賃収入では足りなくて持ち出しになっていることはないですから、マイナスではないと思います。

大河原　私の計算ですと、ローン返済と固定資産税や修繕管理費などのランニングコストを差し引いて、少なくとも年間30万円くらいのキャッシュフローが出ているかと思います。

「もちろん増やしていきたいです」

森山　たぶんそれくらいだと思います。通帳の出入りがあって数字が動くので、どこで区切って見るかにもよりますが、１年間を正確に見れば、それくらいは残っている感じがしています。

大河原　よかったですね。仮に、このままの状態が返済が終わる15年後まで続くとすれば、４５０万円のキャッシュフローが得られると同時に、返済後は土地が、森山さんの物件は２０００万円くらいだったと思いますが、資産として残りますから。

森山　そうやって数字で言っていただくと分かりやすいし、実感が湧いてきますね。

大河原　森山さんの場合は、当面はキャッシュフローというより、将来的な資産形成を目的とした不動産投資の形になっていると思いますが、物件を増やしていくことはお考えですか？

森山　最初は私の属性で届く融資の範囲から始めるしかなかったわけですし、知識も自己資金もないところから踏み出したわけですから、本当にどうなることかとドキドキものでした。幸い、大河原さんの会社にいろいろアドバイスしていただき、うまく踏み出せたかなと思います。

今後ですが、それはもちろん増やせるものなら増やしていきたい気持ちはあります。キャッシュフローが多いに越したことはないですから。でも、私なんかに追加融資をしてくれるんですかね？

大河原　森山さんのように、たとえ年間30万円でも着実にプラスを出していれば大丈夫です。できれば当面は、不動産投資用の預金通帳には一切手をつけずに、キャッシュフローを貯めてください。それが森山さんの投資がうまくいっていることの証明になりますし、次の融資も付きやすくなります。買い増しの際の自己資金にも使えますし。

不動産投資は、運用額を増やしたからといってリスクが高まるわけではありません。むしろ、リスクが分散できるメリットのほうが大きいですから、頑張ってください。

森山　分かりました。2件目の購入を楽しみに、着実にやっていきます。

3000万円のアパート物件を購入するとこうなります

森山さんのケースを少し詳しく解説してみましょう。

森山さんのように、3000万円のアパート物件（築23年、木造）を買ったとします。利回りは12%です。

ということは、家賃収入は3000万円×12%で年間360万円、月額30万円になります。家賃5万円の部屋が6部屋あるとイメージしてください。

融資は全額融資を受けました。15年ローンで金利は2・4%。すると、おおよその返済額（元利均等返済）は月々20万円、年間で240万円になります。

つまり、差し引き120万円が手元に残ります（実際には物件購入額以外に不動産仲介手数料や融資手数料などの初期費用がかかりますが、話を分かりやすくするために除きます）。

ただし、これは入居率100%の場合です。いつも2部屋が空いている状態だと年間の家賃収入は240万円になりますから、これでトントン。入居率は66・6%です。実際には返済以外に固定資産税と共用部分の電気代、修繕管理費などのランニングコストがかかりますからキャッシュアウト(持ち出し)になりますが、キャッシュアウトと言っても月に2~3万円程度ですから、本業の給料で埋めることもできる範囲です。

これが常に3部屋が空室の入居率50%だと月々7万円くらいのキャッシュアウトになりますから、ちょっと痛いですよね。ただ、入居率が50%になることが実際にあるかと言えば、絶対にないとは言えませんが、ほぼないと言っていい。このことについては後で詳しく説明します。

キャッシュフローと利益は似て非なるものです

ここで、投資用語の説明をしておきましょう。

「キャッシュフロー」と「利益」は似ていますが、全く異なるものです。

■キャッシュフロー(CF)↓任意の期間内に増加した「現金」のこと

■利益↓任意の期間内に、その人が持つ資産全体の価値が増加すること。資産とは現金以外の流動資産や金の積み立て、不動産、その他固定資産、保険などすべてを含むつまり、キャッシュフローがない、またはキャッシュアウト（↓任意の期間内に「現金」が減ること）が起きても利益は出ている状態はあるということです。

たとえば、あるものを安く買いたいと思うことは、利益をとることです。「冬物半額」などのバーゲンセールで安く買うことはよくあると思います。本来、２万円のコートが1万円で買えた場合は、

■キャッシュフロー　▲1万円
■コート価値　2万円
■利益　1万円

この例はコートが自分用ですので儲かった実感はないかもしれませんが、得した気分になるのは間違いないと思います。もう一つ60万円の価値がある時計を40万円で購入した場合は、

■キャッシュフロー　▲40万円
■時計価値　60万円
■利益　20万円

価値の高い物を安く購入した時にすでに利益は発生しています。時計以外の価値に変換する際に一度、現金にする必要があるため売却をすることになるわけですが、本来は価値交換をしなければ、そのまま保有していることが可能です。

現金というのはあくまで「価値交換」の手段でしかありません。

不動産投資というと、とにかくキャッシュフローを手にすることだというイメージをお持ちの方がいらっしゃるかもしれません。

しかし、本来それは違うことだということを認識しておいてください。後の授業で、これがどういうことかが分かってくると思います。

築23年の木造はまだまだ住めます

話を戻します。

築23年のアパートと言うと、かなり古びた物件をイメージされるかもしれませんが、そんなことはありません。

皆さんのご実家を思い浮かべてください。たとえば築30年の木造住宅にご両親が住んでいらっしゃるとして、「そろそろ建て替えようか」という話になるでしょうか？　あまりならないと思います。

築30年は1986年に建てた家ですが、その5年前の1981年に建築基準法の大改正がありました。これ以降に建てられた住宅は、いわゆる「新耐震基準」をクリアした物件で、震度6～7の地震で倒壊、崩壊をしない構造になっているはずです（2000年にも改正があり、地盤調査に基づいた基礎形状などが義務づけられました）。

築23年は新耐震基準をクリアした建物ですから、メンテナンスさえしていれば、住むのに問題のある物件とはならないわけです。

法定耐用年数で言うと木造は22年ですが、築30年、40年という木造住宅はものすごくたくさんあります。実は、法定耐用年数というのは、それ以上住んでは危ないといった物理的な寿命を言っているのではなく、これもあとで詳しく述べますが、物件を購入した人が税金対策として行う減価償却の計算ベースになる年数、言わば経済寿命のことなんです。

ですから、築30年の木造住宅であっても、うまく住めばあと15年、場合によってはそれ以上住むこともできる。つまり、築23年のアパート物件は思っているほど古くないし、まだまだ十分に住める物件なんです。

15年後、物件は完全にあなたのものになります

つまり、築23年の3000万円の物件を15年の全額融資で買ったとして、15年は十分に住めますから、返済が終わるまでの間、賃貸物件として貸し続けることができます。

そうすると、その間、先ほど言った入居率66・6%以上をキープできれば、儲からないまでも、何とかローン完済にたどり着くことができます。

さて、そうなると15年間、キャッシュフローはあまり出なかったかもしれませんが、この時点で銀行の抵当権がはずれ、物件は完全にあなたの所有物になります。

アパート物件には当然、土地が付いています。3000万円の物件ですと、2000万円くらいの土地が付いている場合もあります。

お分かりでしょうか？　こうした物件を15年間キープするだけで、土地価格が変わらなかったとしても15年後には2000万円の資産があなたのものになるということです。もし、この間に土地価格が上昇していれば、これが2500万円とか3000万円になる可能性だってあります。

そうなれば、その後どうするかは皆さん次第ですが、土地を売却する、土地を担保にお金を借りて新しい収益物件を購入する、建て替えて新築アパートを建て貸し出すなど、選択肢はいくつもあります。皆さんは土地の所有者なのですから、一般に「土地活用」と言われるさまざまな方法から選択できるわけです。

これが不動産投資の最も分かりやすい図式です。いかがでしょうか。

物件は増やすことができます

「15年で2000万円の資産？　悪くはないけれど、もっとすごいものかと思ってまし

大枠メソッド 04 最も簡単な不動産投資の流れ

■ 築23年木造アパート

購入価格	3000万円(土地2000万円、建物1000万円)
利回り	12%
融資	3000万円　金利2.4%　返済期間15年

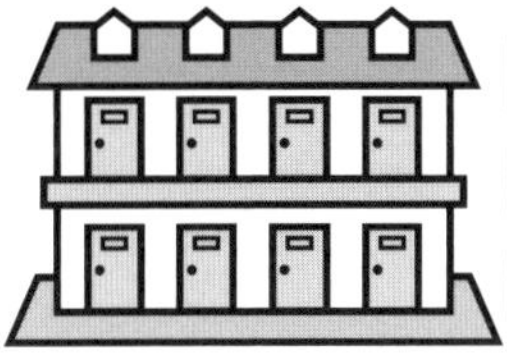

年間家賃収入 360万円(入居率100%の場合)
年間返済額 240万円
年間経費 50万円

入居率100%だと　年間キャッシュフロー 70万円

入居率90%だと　年間キャッシュフロー 34万円

このような物件を10棟持てば、
年間資産収入340万円~700万円

サラリーマン平均年収に近い資産収入が得られる!

返済が終われば、物件の資産価値が加わる!

た」

これだけの説明だと、こう思われる方もいらっしゃると思います。

これはあくまでも、はじめの一歩のイメージとご理解ください。

ここから先が不動産投資の魅力です。1棟で2000万円の資産を作れるなら、これが6棟、7棟あったらどうなりますか？

たちまち1億円を超えるのがお分かりでしょうか。もっと言うと、15棟あったら、生涯に必要なコストである3億円の資産を不動産投資だけで手に入れることができる計算になります。

「でも、そんなに増やせるのはよほど年収が高い人ですよね？」

そんなことはありません。確かにはじめの一歩で購入できる物件は、年収によって変わってくるのは事実です。しかし、今説明した3000万円の物件は、年収500万円ほどの普通のサラリーマンで十分に手が届くものです（年収が基準に届かない場合でも奥さんの収入と合算するなど、いくつかの手があります）。

どうしてかと言えば、次の授業で詳しく説明しますが、不動産投資をしたい普通のサラリーマンにお金を貸してくれる金融機関があるからです。ですから、はじめの一歩は小さめの物件だったとしても、物件を増やしていくことで、1時間目で説明した運用額を大きなものにすることが可能なんですね。

物件を増やすメリットについては、あとの授業でまた詳しく説明することにします。

森山さんのケースは、年収500万円程度のサラリーマンが不動産投資を始めるときの最も分かりやすいケースと言えると思います。

これが年収700万円を超えていて、職場も安定しているような方の場合、もっと高額の融資が最初から付く可能性が出てきます。

そういう場合は、まさに大西さんのケースのように、短期間で大きな物件を増やしていくことも可能になるわけです。

3時間目

「ここでお金を貸してくれます」の授業

不動産投資ではじめの一歩を踏み出すための重要なポイントは、2つに集約されます。ズバリ、融資と物件です。

融資はもちろん物件を買うためのお金を借りることで、物件は借りたお金で収益を生み出す拠点を作ることです。

3時間目ではまず、融資のポイントを説明します。まずは再び大西壮和さんにご登場いただき、実体験を語っていただきたいと思います。

「1億、2億行けます！」にはびっくりでした

大河原　大西さんがうちの会社に来られたのは2015年の夏頃でしたか。その前にはご自分で物件探しを？

大西　そうなんですね。最初は有名な不動産投資サイト「楽待」で探しました。良さそう

な物件を何件かピックアップして、それらを取り扱っている不動産会社にメールで問い合わせしました。

ただ、それは良い物件を探し当てるというより、その前に不動産投資の本を10冊くらい読んだんですが、良い物件にめぐり合うには、まず良い仲介会社さんを探すことが大切だと書いてあったので、良い仲介会社さんに出会うことが目的だったんですね。

大河原　物件を問い合わせることで、それが分かると？

大西　そうです。返信のスピードと内容ですね。誠意が感じられるかどうかはもちろんですが、説明が分かりやすいかどうかを物差しにして10社くらいの中から5社くらいに絞り込み、会いに行きました。

それで、初めから大きな物件は無理だと思っていたんですが、3社目くらいで3000万円くらいの手頃な物件があったので「買います」となった。ところが、銀行融資の審査を受けたらダメだったんですね。通らなかった。理由は教えてくれませんから分かりませんが。

大河原　その後がうちの会社だったんですね。審査が通らなくてよかった！（笑）

大西　やっぱりベンチャー企業に転職したばかりの自分には融資してくれないのかなと思

いながらライフラリさんに行ったら、「大丈夫です」と。しかも、「大西さんは属性がいいのに、なぜ3000万円の物件なんですか？　1億、2億の物件でもいけるのに、なぜやらないんですか」と言われました。

大河原　3000万円の融資が通らなかったあとに、1億、2億を狙いましょうと言われたわけですね。

大西　びっくりですよ。私にそんな高額融資をしてくれるところがあるのかと。でも、「いや、大丈夫です、行けます」と大河原さんの会社のNさんに言われて。

大河原　こちらから見ると、大西さんはベンチャー企業と言っても年収が平均的なサラリーマンよりかなり上ですし、年齢的にも30代半ばと若い。融資する銀行がないはずがないということです。

大西　1億、2億なんていう発想自体がなかったので最初は半信半疑でしたが、「どうやったらいけるんですか」と聞くと、Nさんのお話に説得力があり、やってみようかという気になってきました。

「3000万円が×で、1億円が○」の理由はこうです

大河原　融資は地方銀行Aでしたね。

大西　そうです。Nさんが言った通り「本当に通ったよ！」という感じでした。
　その資金でNさんに紹介された物件を購入したのは2015年10月。神奈川県秦野市のアパート1棟で価格は約1億円でした。先ほどお話したように、区分物件への投資で空室状態が起こった苦い経験があったので、1棟買いで、でっかい物件に行けるのであれば行きたいという気持ちがありましたから、躊躇《ちゅうちょ》はありませんでした。むしろ、賃貸に出す部屋数が少ないほうが空室リスクがあると思っていましたから。

大河原　大西さんが最初に買われた物件を読者の皆さんに説明しておきますと、築27年の木造アパートで部屋数は10室。1室当たりの家賃は5～7万円でしたね。

大西　そうです。私がNさんに言ったのは、キャッシュフロー重視で、場所はすぐに見に行ける首都圏郊外と故郷の静岡県までということだけです。あとはNさんを信用してお任せしたんですが、本当に良い物件を紹介していただきました。

大河原　毎月手元に残るキャッシュフローを重視されるやり方でいきたいということで、

融資も長期のものでしたね。

大西　金利はおよそ3％の35年返済です。年収はそこそこあったんですが、貯金はそんなになかったものですから。それでも1億円の物件を購入できる資金を貸してくれました。不思議ですよね、一度は3000万円の融資が通らなかったんですから。

大河原　銀行融資には不思議なところがあります。銀行ごとに一応決まった融資条件があって、その人の年収や所有財産、勤める会社のバリューなどによって決まる「属性」によって、この人には融資限度額はこれくらい、金利はこれくらい、ローン年数は何年までといった基準があります。

ですから、ある銀行のA支店に融資を申し込んで通らなかったら、B支店でも通らないと普通は思うのですが、通る場合があります。もっと言えば、それより大きい要素は、誰に申し込むかなんですね。

銀行の融資窓口に行っても断られます

大西　同じ銀行内のAさんでは通らない融資が、Bさんだと通るということですか？

大河原　実際そういうことがあるんですね。銀行には当然、融資の窓口になる融資課といったものがあるんですが、そこに飛び込みで行って融資を申し込んでも大抵は断られます。融資課は断るのが仕事と言ってもいいくらいです。ところが、営業の部署はどちらかと言うとお金を貸すのが仕事だと思っているようで、融通を利かせてくれると言いますか、こちら側から見ると話の分かる方がいる。お堅いイメージの銀行マンですが、中には柔軟な方がいらっしゃるんですね。

大西　考えてみれば、どんな会社でも会社のカラーというものはありますが、仕事っぷりは一人ひとり違いますからね。その会社の誰と仕事をするかによって、仕事の進め方や成果は違ってくる。銀行も同じだということですか。

大河原　そうなんですね。ですから、大西さんが最初に3000万円の融資でつまずかれたのも、おそらくはその辺が……。

大西　たぶんそうなんですね。神奈川の物件が1億円くらいでしたが、その直後にNさんから埼玉県に良い物件があるということで、こちらは一気に6棟、2億円ほどの物件を紹介されたので、「買えるのなら買います」と言ったら、融資もちゃんと受けられてわずか2カ月くらいの間に7棟を所有することになりました。

大河原　即決でしたね。

大西　埼玉県のRC物件で価格は2億円くらいですが、1棟目が2015年の10月で、埼玉が翌11月でしたからあっという間でしたが、もともと手元に残るキャッシュフローでサラリー年収くらいに到達したいという目標を明確に描いていましたから、こちらも即決しました。

大河原　埼玉のほうの融資は、不動産投資の世界では有名な地方銀行Bでしたね。

大西　はい。こちらは金利が少し高くておよそ4％の30年ローンなんですが、まだ1棟目を所有するかしないかの段階でよく融資してくれたと思います。

大河原　金融機関によって特徴はありますが、B銀行さんは、他行に比べて既存で組まれているローンを重要視しない傾向が見受けられます。別の言い方をすれば、お客様の給与収入を重要視しているようですね。純粋に大西さんの属性を見て、大丈夫だと判断されたんだと思います。

大西　いや、本に書いてあった通り、やはり不動産仲介会社さんが大事なんだなということがよく分かりました。融資が出るか出ないかというのは根本的な問題で、融資が受けられないことには話になりません。もちろん物件は大事ですが、その前に融資に強いというのが不動産仲介業者さんを見る際の大きなポイントになります。その点、ライフラリさんはきちんと銀行側と人脈を作っているんだな、と実感しました。

大河原　ありがとうございます。私は不動産仲介の仕事をしていますが、自分でも不動産投資をやっています。不動産会社の方は、人には購入をすすめるのに、自分では買わない人が多い。「なぜですか？」と聞かれると、「不動産会社の人には融資がつかないから」と言う。不動産会社の人間に銀行が厳しいのは事実ですが、やってみれば融資を受けられないことはありません。現に私はやっていて、15棟ほどを所有しています。

大西　お客さんと銀行をつなぐノウハウがしっかりあれば、自分の融資だって引っ張れないはずはないということですね。

大河原　「自分たちには融資がつかないから買えない」と言っている不動産会社には、とりあえず融資を引っ張るスキルという点で疑問符を付けてもいいのではないかと思いますね。

融資と投資を分かりやすく説明します

「1カ月後に確実に100万円もらえる権利があると言ったら、あなたはそれをいくらで買いますか？」

融資というものを分かりやすく説明しようと思うとき、私はよくこう質問します。

「う〜ん、80万円かな」

80万円でなくとも、90万円でも95万円でもいいですが、100万円が手に入る権利をそれより安く買って儲けを出す。別の言い方をすれば、将来の100万円を100万円以上で購入する人はいないと思います。将来の100万円は現在価値にすると100万円の価値はないわけです。

当たり前ですね。受け取れなくなるかもしれないとか、値切られて99万円しかもらえなくなるかもしれないとかのリスクを感じるからですね。

100万円－80万円＝20万円。

この差額が、いくらなら将来のリスクを買う気になるかというリスクプレミアム（リスクの対価）です。そして、これが金融機関の融資です。

将来の100万円を80万円で買うようなことを金融機関は主な業務としています。どれくらい安く買うかは、リスクをどれだけとるかによって変わってきます。または取引相手の信用度がどの程度かで変わってきます。これが金利になります。

今度は「期限までに100万円返します」という約束をした側の見方になりますが、80万円もらうことが融資を受けるということで、いずれ100万円を返さなければいけませんから、そのまま何もしなければ20万円損してしまいます。

でも、その80万円を100万円以上に増やすことができれば話は別です。たとえば海外に行ったついでに日本未発売の時計を40万円×2個買ってきて、それが日本で1個60万円で売れたとします。そうなれば120万円ですから、100万円返しても20万円儲かるわけです。

不動産投資のリアルな数字で言えば、30年かけて1億6000万円が返ってくる権利を1億円で買いますと言って銀行は融資をし、1億円を手にした不動産投資家は、それを運用して2億円にも3億円にも増やして収益を出す。

簡単に言えば、こういう上手な運用をして、借りたお金以上の利益を出そうというのが不動産投資または運用の基本です。

金利以上の利回りで運用すれば利益が出ます

さて、銀行側から見ると、１００万円得る権利を80万円で買うということは、そこに20万円の割引きがあるわけですね。この割引率がすなわち金利です。

そうすると、金利が３％だとすれば、運用する側は３％以上の利回りで運用できれば、プラスになるということ。一般的に不動産投資はネット利回り（実質利回り）で６～８％で回りますから、そこに３～５％分のプラスが出るわけですね。

さらに言えば、運用する側は80万円を運用するよりも５０００万円とか1億円を運用するほうが、同じ利回りならば全然利益が違ってきますよね。

だから、これはあとでまた説明しますが、はじめから大きな額を借りられるのであれば借りてしまったほうが得だという話にもなりますし、他の投資に比べてそれができるのが不動産投資の特徴というわけです。

しかも、不動産投資は海外に行って日本で高く売れる時計をたくさん買い漁るより手間も時間もかかりませんから、サラリーマンの方が本業を持ちながらできるというメリットを持っているわけですね。

さて、不動産投資を始める方は、まず「楽待」や「健美家」などの不動産投資サイトを見て物件を探すことから始める人が多いと思います。しかし、かなりの自己資金や財産がある方は別として、良さそうな物件があったとしても、それを購入する資金を融資してもらうことができなければ話になりません。

ですから、不動産投資の手順として、どこでどれくらいまで融資してもらえるのかを把握した上で、その条件の範囲内で物件を探さないと、無駄な時間を費やすことになりかねないわけです。

不動産投資にはアパートローンが使われます

先ほど、大西さんとの話で言ったように、融資は不思議なもので、同じ銀行でも支店や担当者によって、審査が通ったり通らなかったりすることも珍しくありません。そういう意味では、融資に強い不動産仲介会社を通じて、物件探しとともに融資先の紹介も手伝ってもらうのがはじめの一歩を踏み出す方にはおすすめです。

その前提を知っていただいた上で、それでも目安となる銀行の融資条件を知っておきたいという方のために、一応説明しておきます。

銀行ローンを大別すると、プロパーローンとパッケージローンに分けられます。プロパーローンというのは事業者向けのローンで、企業が新たな工場を造るとか設備投資をするといったときの融資。会社によっては金額がメチャメチャ大きくなりますから、銀行ローン全体に占める割合は大半がこちらなんですね。プロパーローンは相手によって融資条件もさまざまになるオーダーメイド型になります。

一方のパッケージローンは、基本的に個人向けが多く、住宅ローンとか教育ローン、車を買うときのマイカーローンなど馴染みがあるものが多いと思います。不動産投資の場合、個人向け融資のほとんどはその一つであるアパートローンになります。

アパートローン（銀行によって名称はさまざまです）はパッケージローンですから、借りる側の条件によって融資限度額や返済期間などがパッケージングされ、決まっています。

現在、不動産投資の世界でよく名前が挙がる代表的金融機関は、静岡銀行、スルガ銀行、オリックス銀行、それと公庫（日本政策金融公庫）などです。他にもさまざまな銀行がアパートローンを扱っていますが、業界として融資件数が多いのはこのあたりです。

融資条件の目安はこうなっています

次ページの表をご覧いただければお分かりのように、アパートローンのパッケージングの形は銀行ごとに特徴があり、異なっています。金利や融資枠などは属性によって多少の変動はありますが、特徴を記してありますので、参考にしてください。

融資期間の欄に出てくる「法定耐用年数」は、建物の構造によって違い、賃貸用住宅の場合、W造（木造）は22年、S造（鉄骨造）34年（※軽量鉄骨の場合は厚さによって19年ないし27年）、RC造（鉄筋コンクリート造）またはSRC造（鉄骨・鉄筋コンクリート造）が47年と決まっています。

この年数から築年数を引いたものが法定耐用年数の「残存年数」で、これが融資期間の基準となる場合がありますから覚えておいてください。

融資割合	対応エリア	備考
物件評価金額まで。各行の評価基準はそれぞれではあるものの評価方法が厳しい。	支店のある都市	金利は低く、融資上限の金額も大きいものの、評価方法が厳しいため利用できる物件は限られる。常に利用を狙っていながら別の金融機関を利用することが若いうちにハッピーをつかむ鍵か。
	支店のある都市	評価方法が地方によって変わる。ただしやはり評価について厳しめのため利用できる物件は限られる。融通が利く場合もあり、スルガ･静岡銀行などに対抗する商品を開発したいはず。
	営業エリア	評価方法が各信金によってそこそこ違う。やはり評価については厳しめであるものの、地元活性化のための事業を後押しできれば融通が利く。
(他行含め年収の 12 倍程度)	都心から電車で 1 時間程度のエリア	融資期間が法定耐用年数より長めにとれるため、キャッシュフローをねらい築浅物件の融資になる。実際、新築・築浅物件が融資の大半を占める。
100%	都心から電車で 1.5 時間程度のエリア	利回りの高い物件に対して長期の融資期間が取れるために、最も効果的にキャッシュフローを取れる。
90%	東京から電車で 100 分圏内	融資審査が早いことが大きなメリットの一つ。いわゆる良い物件というのは競争になることが多いため、購入者の融資承認の順番で決まる場合は圧倒的に強い。
90%	東京から電車で 100 分圏内 地方都市	融資のための事務手数料や初期費用などの自己資金を必要とする。
物件評価 + 人物評価の金額が上限	全国	属性条件が優しいこと、エリアの制限なく検討できることがメリット。アパートローンではなく事業性の融資になるため融資期間は比較的短い。キャッシュフローを重視より実益重視での利用が多い。さらにセーフティネットの金融機関の側面を持っているため、窓口に直接相談に行くより、紹介で融資を利用するほうが無難。
実売価格を基に評価し、評価額が上限	全国	購入物件以外の不動産を抵当にとって融資をするため、購入物件について融通が利く。とにかくいろいろな物件に融資できる。

アパートローンの条件（目安）

<table>
<tr><th>金融機関名</th><th colspan="2">金利</th><th>期間</th><th colspan="2">属性</th></tr>
<tr><td>都市銀行</td><td rowspan="3">低い</td><td rowspan="3">1～2%</td><td rowspan="2">各行の基準耐用年数以内（法定耐用年数基準が多い）</td><td>年収1000万円～</td><td rowspan="9">イメージとしては左を参照。ただし資産や勤め先、ご家族の背景などの総合判断。</td></tr>
<tr><td>地方銀行</td><td>年収800万円～</td></tr>
<tr><td>信用金庫等</td><td>各行の基準耐用年数以内</td><td>年収600万円～</td></tr>
<tr><td>オリックス銀行</td><td>普通</td><td>2%～3%</td><td>基準が法定耐用年数より10数年長い</td><td>年収700万円～</td></tr>
<tr><td>静岡銀行</td><td>高め</td><td>3%台</td><td>27～35年程度</td><td>年収700万円～</td></tr>
<tr><td>スルガ銀行</td><td>高い</td><td>3.5～4.5%</td><td>実際に利用できる年数程度</td><td>年収700万円～</td></tr>
<tr><td>SBJ銀行</td><td>高め</td><td>3%台</td><td>最長35年</td><td>年収500万円～</td></tr>
<tr><td>日本政策金融公庫</td><td>低め</td><td>1～2.5%</td><td>最長15年（国の政策によって女性、若者、高齢者には優遇あり）</td><td>年収300万円～</td></tr>
<tr><td>三井住友トラストローン&ファイナンス（ノンバンク）</td><td>高い</td><td>2.9～4.3%</td><td>基準が法定耐用年数より20年ほど長い</td><td>なし（共担ありに限る）</td></tr>
</table>

不動産投資の世界で有名な銀行はこちらです

それでは、不動産投資の世界で有名な4つの金融機関について補足しておきましょう。なお、この情報は、うちの会社で実際に融資を手伝い、物件を購入した方々からの情報ですので、その人の属性によっては条件が変わる可能性があることをご承知おきください。

■スルガ銀行
不動産投資の世界ではすごく有名な銀行です。融資審査がどの銀行よりも早く、返済期間も長くとれるメリットがありますが、金利は3・5～4・5%程度と他行に比べて高めです。若い方なら返済期間を長くとって毎年の返済額を減らすことができますから、キャッシュフローを重視したい方の利用が多いと思います。金利が高めなので、物件の利回りも高めに設定したほうが安心です。

■静岡銀行
スルガ銀行と並んで、不動産投資では有名な静岡銀行。個人向けのアパートローン「ワイドローン」が利用できます。ここも返済期間を最長35年と長くとれるので、キャッシュフロー重視の方によく利用されています。スルガ銀行も静岡銀行も中部地方の地方銀行ですが、融資の対象エリアが中部エリアに限定されないのも大きなメリットです。

■オリックス銀行

プロ野球で有名なオリックスの銀行です。ここの「不動産投資ローン」は金利が2〜3%台程度と低めで、返済期間も法定耐用年数以上に長くとれるのが魅力です。ただ、対象エリアが首都圏（東京都心まで電車やバスで1時間程度をイメージしてください）、近畿圏（大阪中心部まで同1時間程度のイメージ）、名古屋市、福岡市と前記金融機関に比べるとやや限られています。

■公庫（日本政策金融公庫）

公的金融機関である公庫もよく利用されています。公的機関だけに金利が低めで1%台から。しかも、前記3行が年収700万円以上をイメージしているのに対し、公庫の場合は、それより低い年収の方に対しても広く融資してくれます。セーフティネットの意味合いも持つ金融機関ですね。

ただし、前記3行が1億円、場合によっては2億、3億といった融資をしてくれるのに対し、公庫での初回融資は5000万円程度までの融資と考えておくと取り組みやすいでしょう。また、公的機関で自営業者の利用も多く、サラリーマンだから属性で有利といったこともありません。しかし、初めから大きい物件を狙うのでなければ十分に利用価値があります。

「担保評価金額が大きい」のはこういう理由です

なぜ大きな融資を組めそうな銀行が存在するかと言えば、これらの銀行は不動産の担保評価を大きく見てくれるからです。

不動産には評価方法がいくつも存在します。私たちが不動産の取引きをするときの実勢価格、その他、固定資産税評価額や相続税評価額、積算評価法や収益還元法、公示価格といったものです。

その中でも収益還元法とは、簡単に言えば、ある物件の最近1年間の純収益（家賃収入からランニングコスト＝経費を引いた額）を還元利回り（近隣物件の様子などから適正と思われる利回り）で割った数字です。

この方法だと収益不動産については最も実勢価格に近くなりやすいと思います。収益還元法に重点を置く金融機関は評価金額が実勢に近くなりやすいため、他の金融機関と比較すると担保評価額が大きくなりやすいのです。

たとえば、還元利回り６％の物件があり、ここ1年間の家賃収入が３００万円、ランニングコストが60万円だったとします。すると、

■（３００万円−60万円）÷０・０６＝４０００万円

となります。これが収益還元法で求めた収益価格、すなわち前記3行などにおける評価金額は収益還元法に重点を置くため担保評価額が４０００万円に近くなります。この場合、物件価格が４０００万円以下であれば、十分な融資を受けられる可能性が出てくるわけです。

多くの金融機関が重点を置いてきた評価方法は、この計算法ではなく「積算法」と言わ

れるもので、路線価（国税庁が毎年発表する相続税などの計算根拠となる宅地評価額。実際の取引価格の8割程度になることが多い）をもとに計算した土地評価額と、建物の再調達価格（再建築したときの価格）をもとに調整した評価額が大半でした。

ある都市銀行などの場合は、担保評価において収益還元法と積算法の両方を使って、評価額の安いほうをとります。通常は積算法のほうが評価額がかなり低く出ますから、担保評価がどうしても低くなり、それだけ融資が厳しくなるわけです。銀行担当者目線で考えれば、固い数字を取りたくなるのは仕方のないことですけどね。

長期ローンが組める銀行は超魅力です

前記3行などの場合、担保評価額が大きくなりがちなことに加え、ローンの期間が長く組めるというメリットがあります。

多くの金融機関では、融資期間は先に説明した法定耐用年数から経過年数を除いた残存年数となりますから、木造で築12年といったまだまだ30年以上は住めそうな比較的新しい物件であっても、法定耐用年数が22年で残存年数は10年ですから、10年ローンがリミットになってしまいます。

これに対し、スルガ銀行やＳＢＪ銀行などの場合は残存年数に15年とか20年をプラスしてくれるので、30年を超えるような長期ローンが可能になります。また、静岡銀行の場合、お客様の条件によっては残存年数に関わらず、30～35年のローンを組める場合もあるようです。

不動産投資では結局、家賃収入に対する返済金額の割合によって、キャッシュフローが大きく変わってきます。

大西さんのケースのように1億円の融資を受けた場合でも、35年（金利3・3％）なら月々約40万円の返済で済みますが、これが20年であれば約57万円を返済しなければなりませんから、年間のキャッシュフローで２００万円以上違ってきてしまいます。

ローン期間が長いとトータルの返済総額は当然大きくなりますが、それはローン完済まで持ち続けた場合の話。どこかの時点で売却し、完済してしまえば、返済総額はかなり圧縮されますし、返済が進んでいた分も手元に残ります。

長期ローンのメリットは、毎月のキャッシュフローを貯められ、経済的自由を早く手にでき、精神的なゆとりが生まれることです。キャッシュフローを重視するタイプには、こういう考え方の人が多いと思います。ですから、それを後押ししてくれる融資額が大きく、長期融資の利く銀行は超魅力なんですね。

しかも、こうした銀行は融資審査が早いのも魅力です。良い物件は競合になることが多く、その場合、融資が早く下りたほうがさらっていくわけですね。銀行のほうもせっかく融資を決めてもスピード勝負で他行に負けていてはビジネスチャンスを逃すわけですから、もたもたしていてはいけないと、なるんだと思うんです。

お金を貸してくれるのには理由があります

「普通のサラリーマンに、銀行は大金を貸してくれませんよね？」

不動産投資の知識がない一般のサラリーマンの方に不動産投資の話をすると、必ずこう聞かれます。

無理もありません。たとえば皆さんが日本の中流ど真ん中、一般的な年収５００万円前後の普通のサラリーマンだとして、「５０００万円貸してください」と言ったら、銀行はすんなり貸してくれるでしょうか？

ちょっと難しいですよね。

5000万円どころか500万円だって借りるのは大変だというのが現状です。その銀行に借りたいお金と同等の預金があるとか、担保になる資産を持っていない限り、銀行はその程度のお金でもなかなか貸してはくれないでしょう。

でも、これが不動産投資となれば話は別です。

マイホームを購入するときに組む、通常の住宅ローンを思い浮かべてください。

4000万円、5000万円といった高額マンションを購入する場合でも、銀行はその大部分のお金を貸してくれますよね。なぜでしょうか？

それは、その住宅、要は不動産を担保にとっているからです。

借りたお金の返済が滞ったときの保険として金融機関が設定するのが、担保すなわち抵当権です。いざというとき金融機関はこの権利を行使して、不動産物件を取り上げることができるわけです。

不動産投資における融資の考え方も基本的にこれと同じです。

今、一定の条件を満たせば、不動産投資を始める普通のサラリーマンに数千万円から場合によっては億単位の融資をしてくれる金融機関が増えています。そういう状況を生んでいるのは、今は銀行にとって、融資リスクが少ない状況があること。つまり、不動産価格が上昇局面にあれば、返済が滞る可能性が低いと同時に、担保物件の価値が目減りする可能性も低いということも関係してきています。

さらに言えば、２０１５年に導入されたマイナス金利も、融資を盛んにする要因の一つになっています。

市中の銀行が「銀行の銀行」と言われる日本銀行に預けておくお金には、多少の金利がつくのですが、その一部が現在、マイナス金利に晒されています。金利がプラスではなくマイナスですから、預けておくとお金が減ってしまうわけですね。

銀行が日銀にお金を預けておけば多少なりともお金が増えるのでは、銀行は融資に消極的な姿勢になるということで導入されたのがマイナス金利です。実際、「それなら日銀に預けるより融資を行ったほうがいい」と、銀行がどれほど思ったかは分かりませんが、不動産投資に対する融資を後押しする要因が増えたのは間違いないと思います。

最近になって、ベンチャー企業への融資にメガバンクが積極的になっているのも理由は同じことだと思います。お金を眠らせておいてはもったいないと、以前ならあり得なかった状況が生まれてきているんですね。

未所有でも担保を設定してくれるんです

銀行が大きなお金を貸すときは、必ず担保となるものをとるのが基本です。まだ自分が所有していないものに対しお金を借りることは本来できないはずで、自分のものではなく、他人のものなのに、なぜお金を貸してくれるのでしょうか。

考えてみれば不思議なことです。不動産投資の場合、次に買うものに対して担保をつけてくれるんですね。マイホームを買うときの住宅ローンもまさにこのやり方で成立しています。購入予定物件を担保と見なしてくれるから、何千万円ものローンを組めるわけです。

結局、これができるので不動産投資が成り立ち、「資金ゼロからの不動産投資」なんてタイトルの本も出てくるわけです。不動産以外でこういうことができるのは、企業間のM&Aくらいでしょう。ある会社の企業価値を調べて、その企業を買収するための資金を銀行は融資しますから、不動産投資と同じ考え方だと思います。

まだ買ってもいない物件を「買いたいからお金を貸して」と言って、実際に大きなお金を借りられるのが不動産投資。株やFXの世界で、自己資金以上の運用額で取引をすることを「レバレッジを利かせる」と言いますが、不動産投資は、高額なお金を貸してくれるわけですから、自己資金の何十倍、何百倍ものレバレッジを利かせることができる。それが不動産投資の大きなメリットと言えます。

サラリーマンには貸してくれるんです

先の銀行の融資条件を見ていただければお分かりのとおり、年収によって融資限度額が違ってきます。

実際には年収だけでなく、職種や勤務先、勤続年数、自己資金、家族構成、人柄などによっても属性評価が違い、融資の可否や融資条件に影響してきます。

こうした諸条件をその人の「属性」と言いますが、属性によって、融資限度額や返済期間が決まってきます。ただし、こうした判断基準は金融機関ごとに異なりますから、同じ人、同じ条件でも融資してくれるところとしてくれないところがあったりします。

今、不動産投資を始めるのに有利なのは、サラリーマンの方々です。同じ年収であっても、サラリーマンと自営業ではまるで評価が違います。

理由は一つ。サラリーマンには本業があり、毎月の安定収入があるからです。それに退職金なども見込めますから、いつどうなるか分からない自営業の方とは違うと見なされるんですね。

銀行が怖いのは、毎月の返済が滞ることです。ですから、基本的に本業の収入が安定していれば、万が一不動産投資のほうが少しくらい赤字になっても、それを埋めて返済する能力があると見てくれるわけです。

自営業の方はそうは見てくれませんから、あれこれ頑張って銀行に安心材料を提示し、この人に貸しても大丈夫だと思ってもらわなければならない。融資が引けないわけではないんですが、時間がかかるということです。

借りやすい順番を付けてみました

このように、銀行はその人の属性を評価しますから、同じサラリーマンでも給与の年収がいくらあるか、どんな会社に勤めているか、他のローンがどれくらいあるか、所有資産等によって融資条件は変わってきます。

また、上場企業とそうでない企業（会社の内容にもよりますが）では評価が変わります。十分な年収のあるサラリーマンの大西さんが、最初に3000万円の融資を申し込んで断られたのはおそらくその辺と、会社を代わって勤続年数が短かったことが原因と思われます。どこでも勤続年数3年未満の方は厳しい見方をされるのが普通なんですね。

だいたいの目安ですが、給与年収が700万円以上の方であれば5000万円〜1億円程度まで。1000万円以上の方になると、いきなり1億円を超えるような融資を受けられる可能性があります。こうした基準に、自分一人では無理でも夫婦合算なら届くという方もまず大丈夫だと考えていいと思います。

若い世代で、年収700万円をクリアしている人や世帯は多くはないかもしれません。でも、年収が低い人はあきらめなければいけないのかと言えば、そんなことはありません。年収が300万円であっても、公庫（日本政策金融公庫）のように、5000万円以内なら可能性がある金融機関はあります。

最初から大きな投資にチャレンジして成功される方もいますが、やはり最初は怖さを乗り越える意味でも、小さめの投資で慣らし運転をし、「ああ、こういうものなんだ」と納得したところで、ステージを上げていくのがいいと私も思います。

融資の受けやすさとポイント
(どこを重視するかは金融機関によって異なるので、一般的な見方です)

■職業

資産のある人……………… 金融資産、不動産を多く所有
医師、弁護士などの士業… 収入が高い。定年がない
公務員…………………… 倒産リスクがない。退職金も高め
大企業サラリーマン……… 勤続年数長期ならなお良し
中小企業サラリーマン…… 会社の業績や年収によって変わる
中小企業経営者………… サラリーマンより評価低
個人事業主……………… 安心材料を示す必要大

■年収

1000万円超……………… 1億円超も可能性あり
700～1000万円………… 1億円までなら可能性あり
500～700万円…………… 銀行が限られる
500万円未満……………… 公庫は可能性あり
※年収がなくても資産がある場合は別

■その他、融資を左右するもの

担保評価………………… 属性が高くてもこれが低いと×
自己資金………………… 年収が低くても自己資金で補えれば○
収支のバランス………… 2回目以降はとくに重要
住居……………………… ローン残債と資産評価のバランス
家族……………………… 配偶者と収入合算できる
人物評価………………… きちんとした人かどうかは意外に重要

私自身も、最初に購入したのは３００万円の区分アパート物件でした。まだ20代の終わりくらいで、貯金は50万円しかありませんでしたが、公庫で融資を受けました。家賃収入は月５万円、返済が３万円くらいでしたから、手元に残るのは２万円程度でしたが、それでも毎月決まって私の口座に家賃が振り込まれる現実を体験すると、「なるほど、こういうことか」という実感があり、次の物件を手に入れようという勇気が湧いてきたものです。

もっとも、皆さんがはじめの一歩を踏み出す場合は、私のように３００万円から始める必要はありません。１棟ものの物件はひと桁上ですから、３０００万円くらいから始めるのもいいと思います。サラリーマンの皆さんなら、今それくらいは普通に行けるはずです。

不動産投資は、所有物件を増やしていかなければ、なかなかまとまった収入にはなりません。ただ、はじめの一歩は無理のないところから踏み出し、次の物件、また次の物件と着実にステップを踏んでいくのがいいと思います。

ちなみに私は今、会社の経営者をしていますが、会社に勤めていても役員は会社員ではなく、自営業と同じ扱いになります。ですから、今でも大きな融資はしてくれませんが、融資が付かないわけではないので、小さなところからコツコツと、一つずつ増やしていっています。

築古物件にも貸してくれるんです

不動産投資では銀行によって、属性評価を重視するところ、物件評価を重視するところなど、多少違いがあります。一般的にはスルガ銀行は属性重視、静岡銀行は土地の評価額重視と言われています。

ただし、これらの銀行が不動産投資でよく利用されるのは、それでも都市銀行や地方銀行、信用金庫などと比べれば審査が緩めだからです。しかも、こうした銀行は、不動産投資でキャッシュフローが出やすい築20年を超え、法定耐用年数を過ぎているような築古物件に対しても融資をしてくれるのに対し、都市銀行などは法定耐用年数が来ていない物件が対象で、ローン期間も先ほどの「残存年数」が上限になります。

簡単に言えば、都市銀行や地銀・信金で融資を受ける場合、築12年の木造物件であれば残存年数は10年ですから、最長でも10年ローンがリミットになるということです。金利2%の10年ローンで5000万円を借りると、月々の返済はおよそ46万円。家賃6万円×6室の物件だと毎月の家賃は36万円ですから、毎月10万円、年単位だと120万円のマイナス。実際にはこれに固定資産税や修繕管理費などのランニングコストが上乗せされますから、これ以上の金額を穴埋めしなければやっていけません。

それでもこうした金融機関は金利が低いですから、利用する方がいます。ただそれは、マイナス収入に耐えられる労働収入や別の資産収入がある方で、機を見ていずれ売却し、利益を出す目的で月々のマイナスを許容しているわけです。

都市銀行などは属性評価も厳しいですから、普通のサラリーマンでは、なかなかこのやり方はできません。ですから、金利が高めなのは承知の上で、全体的に審査が緩く、返済期間も長く取れる金融機関が頼りとなるわけです。

年収７００万円未満の方でも大丈夫です

先ほどの融資条件の表をご覧いただければお分かりの通り、年収は融資の大きなポイントになります。

簡単に言えば、年収７００万円を超えているかどうかが一つの分かれ目になります。スルガ銀行を利用するには最低年収７００万円以上はないと厳しいのが現実で、年収

1000万円以上あれば、3億円くらいまでの融資も可能性が出てきます。年収500万円~700万円以上などとなっているようなところでも、700万円未満だと以上の人に比べて融資のハードルは高くなるのが普通です。

「では、年収が500万円にも届かない人はあきらめなければいけませんね」

いいえ、そんなことはありません。公庫があります。

公庫の場合、1回目の融資は5000万円まで。しかし金利は固定で2%台と低く、年収は300万円以上が条件ですから、これなら行けるという方も多いと思います。

ただし、30歳~54歳までの人だと返済期間は15年がリミットとされるケースが多いようですから、物件価格にもよりますが、毎月の返済金額が大きくなってキャッシュフローが出づらくなることがあります。

ですから、公庫の場合は対象エリアを広めにとって、11~12%以上といった利回りの地方物件を狙うところから始める方法がおすすめです。

今がチャンスなんです

いろいろ言ってきましたが、整理しておきます。

ポイントは3つです。

■年収700万円以上あるサラリーマンの方であれば、最初の融資で1億円くらいまでは大丈夫。

■その後、買い増していく場合でも、トータル3億円くらいまでは融資が出る可能性がある。

■公庫を利用すれば、年収300万円からでも不動産投資を始められる。最初は5000万円までの物件がやりやすい。

簡単に言えば、こういうことになります。

しかし、これは2016年10月現在の状況がこのようになっています、ということであって、この状況がどこまで続くのかは分かりません。

当面はないとは思いますが、政権交代があって金融政策が大きく変化することがあるかもしれませんし、現在、不動産を担保にした融資が過去最高額まで膨らんでいるようですから、これを引き締めよという方針転換があれば、どうなるかは分かりません。

ですから、ある意味、この本で説明している不動産投資のやり方は、時間との勝負なんですね。

とにかく最初の一歩を踏み出して、そこからアベノミクスではありませんが、早め早めに二の矢、三の矢を放っていくことをおすすめするのは、こういう背景があるからです。

それでは、一日でも早くはじめの一歩を踏み出せるよう、授業を進めていきましょう。

4時間目

「物件はどう選ぶのか？」の授業

4時間目は「物件選び」の授業です。

不動産投資は物件で決まると言っていいほど、物件選びは大変重要なポイントです。不動産投資の本を読まれたことがある方はお分かりだと思いますが、実にさまざまな物件選びの考え方があります。

この授業では、物件を選ぶポイントと同時に、物件選びを手伝ってくれる不動産業者とどう付き合うかという視点も織り交ぜながら、まずは大西壮和さんと語ってみたいと思います。

良い物件に出会う第一歩は信頼です

大河原　大西さんが最初に買われた神奈川の物件は、即決していただきましたね。大西さんのような方ばかりだとこちらも嬉しいのですが、なかなかそうはいきません。こちらとしては、お客さんに良い物件を紹介して喜んでもらいたい。うちの会社で物件を購入されたお客さんが投資に成功されて、また次の物件を仲介させていただく。それがお互いにとってベストですから、お客さんが投資に失敗されるなんてことは、こちらとしても絶対に避けたいわけです。

ただ、不動産を仲介する会社はたくさんありますから、なかなか購入していただけないケースもある。仕方のないことではあるんですが、やはり、なかなか決めていただけない方より、信頼して決断していただけるお客さんには、こちらも熱が入るということはありますね。

大西　大河原さんの会社のNさんとお話しししているなかで、「良い物件をどうしたら紹介していただけるんですか？」と率直に聞いてみたんです。すると、「本当に買っていただける方には良い物件を紹介できます」とNさんがおっしゃった。なるほどと思いました。相談料をとるわけではないのだから、あれこれ迷って買わないかもしれないという人と本気で買おうとしている人とでは、扱いが違ってくるのは当然のことですよね。

そう思ったので、その場でNさんに「分かりました。Nさんを信頼します。Nさんが紹介してくださる物件を買いますから、良い物件を紹介してください」と言いました。

大河原　そうおっしゃってくださるのは、こちらとしても嬉しいですね。そう言われたら、後は満足いただける物件を一生懸命探すだけですから。

大西　その時に、もう一つ「競争率が低い物件というのはどんな物件なんですか」と質問しました。すると、「1億円を超えるような物件は競争率が下がります」と。そのくらいの高額物件になると、買いたい人がいても心理的にすぐに「買います」とジャッジしづらいようなんですね。だから、「1億円超の物件はすぐに購入の申込みをすれば、買える可能性は高くなります」というので、「ではそうします」と。

大河原　そうなんですよ。不動産の収益物件は売るほうも早く売りたいわけです。しかも、良い物件は競争率も高い。ですから、早く申し込めば有利になるのは当たり前なんですね。

大西　「Nさん紹介の物件を買います」と言ってから、物件を紹介されるまでが1週間くらいでしたから、こちらとしても「早いな、よしやるぞ」と、気持ちが前向きなまま行けました。

大河原　次の物件に行かれたのも1棟目が決まった直後でした。

大西　ええ。埼玉県の築10年のRC物件で、1棟当たり6～7室の物件が6棟で計40室、家賃は1室5～6万円でした。Nさんのおすすめ物件でしたし、2億円の融資が通ったので買うことにしたのですが、今でもよく融資してくれたと思います。

不動産会社を選ぶポイントはこれです

大河原　前の授業でも触れたように、金融機関にはそれぞれ特色があります。大西さんの場合は属性がいいので、属性重視の金融機関とマッチングできれば可能性は高い。あとは、前の話にも出たように、貸す側の人次第というのもありまして。

大西　融資が付かなければ始まらないわけですから、物件選びは融資とセットで考えたほうがいい。そう考えると、融資に強い不動産会社と組むかどうかが大事なポイントだというのは、自分の体験からよく分かりました。

ところで、大河原さんは、不動産会社の人が自分でも不動産投資をしているかどうか、「不動産業者には融資してくれないから」と言っているような会社は疑問符だとおっしゃっていました。他に不動産会社を見る上でのポイントはありますか？

大河原　自社物件をたくさん持っている会社は、注意深く確認する必要があるかもしれません。自社で所有して売りたい物件があると、やはり少しでも高く売りたいという気持ちが働き、買い主の安く買いたい気持ちと相反しますから、購入者の立場に１００％立つことはできにくくなると思います。

大西　なるほど。自社物件を持っていると聞くとつい安心してしまいそうですが、そうとは言えないわけですね。不動産投資のポイントはやはり融資と物件だと思うんですが、自分がやってみて、自分の力だけで融資を引っ張り、良い物件を探し出すことは、よほどのラッキーがない限り難しいことだと身をもって理解しました。

だからこそ、私が読んだ本にも書いてあった通り、読者の皆さんには、本を読んで不動産投資のいろんなテクニックやノウハウを勉強することも大事ですが、それよりも良い不動産会社とめぐり合うことが一番大事。他のことはやっていくうちに覚えていっても遅くないと思いました。

大河原　ここでうなずくと、私の会社に相談に来てくださいと言っているようで気が引けるんですが、信頼の置ける不動産会社を見つけることができれば、安心して投資が進められるのは確かだと思います。

物件選びに絶対的な正解はありません

大西　不動産投資の本を読んでいると、「こういう物件を狙うべし」という考え方がまちまちで、どれが正解なのか分からなくなるという方も多いんじゃないかという気がします。

大河原　「入居率の高い東京都内の物件を狙うべし」とか「いやいや、地方の高利回り物件で行くべし」とか、いろんな考え方があるので、何が正解なのか分からないとおっしゃる方は多いです。

私が思うには、どれも一理はあると思いますし、こっちが正解であっちは不正解といった言い方はできないと思います。そもそも、人ぞれぞれに属性が違いますし、目標とするところの違いや性格なども影響しますから、絶対これが正解というものはないと言ってもいいかもしれません。

たとえば、神経質な性格の方が、いきなり1億円の高額物件を所有するとなった場合、毎月の返済額を見ただけで、心中穏やかではいられないかもしれません。「入居率が下がると大変なことになるぞ」と気が気でない毎日となり、本業の仕事が手につかなくなることだって考えられます。そもそも融資条件が属性によって違ってきますから、同じ目線で物件を選ぶことはできないんですね。

大西　私自身は最初からキャッシュフローを重視し、できれば年収くらいはいきたいという目標を立てていましたから、大きな物件も割と素早く決断できた面があると思います。でも、みんながそうだとは限りませんよね。

大河原　そうなんです。年収などの属性も人によって違いますから、最初から大きな物件にいきたくてもいけない方もいらっしゃいます。そういう方はできる範囲からまず着実な一歩を踏み出していただき、そこから次のステージに上がることを描いていかれることをおすすめしますね。

大西　実際にやってみると、「ああ、こういうものなんだ」というのが肌で分かります。お金の出入りにしても、「こうやってお金が入って、出ていくんだ」とか、「入居率によってこれくらい収入の変化があるから、最低何部屋は埋まっていないとマズイな」とか。

大河原　実感が湧きますよね。ですから、小さな一歩でもいいからまず一歩目を踏み出すことなんですね。そうすれば、見える景色が違うわけです。そこで2歩目、3歩目と歩を進めていけば、また違う景色が見えてくる。何もなかったところに道ができ、そこを歩き始めた自分がいる、というのが第一歩。その一歩目が踏み出せないと、景色は変わらないままなんです。

大西　本当にそう思います。10冊くらい本を読んで、そこで描いていたイメージというものはありましたが、一歩目を踏み出してみると「そういうことか」と気づくこともたくさんありましたから。

理想的な物件にこだわるとチャンスを逃します

大西　物件選びに正解はないということですが、大河原さんご自身も不動産投資をされている立場として、物件選びに関して基本的にどういう考えをお持ちですか？

大河原　そう聞かれると、プロとして「こういうエリアのこういう物件をおすすめします」と明確にお答えしなければいけないのかもしれませんが、実は、あまりそういうふうに考えたことはないんです。もちろん、どこの本にも書いてあるような物件選びの公式のようなものはあります。

たとえば、利回りは高いに越したことはない、エリアは入居率を考えるとできるだけ大都市圏に近いほうがいいとか、多くの本にもそういうことが書いてありますし、不動産投資を始める方が誰でも考えるようなことです。しかし、あまりにもそういうことにとらわれすぎると、物件を買いたいのに買えないという事態に陥ることがよくあります。つまり、条件のいい物件はみんな欲しいわけですから、競争率が高いんですね。

人によっては、せっかく決まりそうになっても、利回りを上げるために「もっと値段が安くならないか」と値引き交渉を依頼してきたりしますが、そうやっているうちにトンビに油揚げをさらわれてしまうわけです。

大西　都市の中心部からの距離と利回りは反比例するというか、距離が遠ければ利回りが高くなる、近ければ低くなりますよね。

大河原　そうなんです。関東の場合だと東京の中心部に近い物件は地価も高いし、賃貸ニーズも高いですから、当然価格が高くなります。もちろん家賃もそれなりに高く設定できるのですが、地方に比べれば利回りは低めになるわけですね。

大西　その分、入居率は高いと。

大河原　一般的にはそうですが、必ずしもそうならないこともあります。都心のアパート物件に住みたい人は多いですが、物件の数もたくさんありますから、借りる方も少しでも条件のいいところ、つまり、賃料と物件の質のバランスでお得感のあるものを選ぶわけですね。だから、入居率の低い物件もたまにはあります。

それに、貸す側は借りる側のニーズを汲み取るとなると、賃料は安めに、見た目や設備は充実といった設定にしなければなりませんから、利回りはどんどん低くなって、収支のバランスがとれないケースも出てくるわけです。

利回りが良すぎる物件も要注意です

大西　なるほど。難しいものですね。
大河原　突き詰めてとことん考え抜こうと思えば、どんどん難しくなっていくのが物件選びなんですね。
大西　どう考えればいいんですか？
大河原　難しく考えない、できるだけシンプルに考えることだと思います。
ネットサイトで紹介されている物件には「利回り○％」という情報が出ています。中には、利回り20％とか30％とか飛びつきたくなるような物件もあります。ただ、そういう物件は外して考えたほうが無難だと思います。たぶんその手の物件は相当古く、直近での建て替えが必要になる、そうでなければ恐ろしく不便な場所にあるとか、土地が売るに売れない変形地であるとか、そういう物件であることが多いと思います。

2時間目で、「木造の築30年はまだまだ住めます」と言いましたが、さすがに築40年となるとそれなりに傷《いた》んできています。雨漏りなどの心配も大いにありますし、設備的にも十年ひと昔と言いますから、途中で新しくしたとしてもふた昔以上前の仕様であることが多い。しかも、40年前は1976年くらいで1981年の建築基準法大改正の前ですから、今の耐震基準をクリアしていない可能性が大です。耐震補強までしている物件はそれほど多くないですから。

そういう物件は融資が受けにくいですし、たとえ購入したとしてもリフォームが必ず必要になりますから、余計な出費もかさみます。競売物件を購入するとリフォームしなければ入居者が付かないことがよくありますが、それと同じだと考えていいと思います。結局、リフォーム代も入れれば、想定利回りには到底ならないわけです。

利回りが低めでもキャッシュフローは出せます

大西　購入していきなりリフォームしなければ入居者が付かないのはつらいですね。利回りで言うと、どれくらいがいいんでしょうか？

大河原　ローン返済＋ランニングコストとの差し引きでプラスが出ればいいと考えるのであれば、先の森山さんのケースのように、融資の金利が２％台前半で15年ローンなら11～12％あれば、キャッシュフローがマイナスになることはないと思います。

大西　そうすると、私の場合は金利が３％、４％台で、利回りは９～10％あたりだったのですが、これはＯＫなんでしょうか？

大河原　今の話に当てはめると、よろしくはない感じがしますよね。ただ、大西さんの場合は、森山さんのようなケースと融資期間が決定的に違うわけです。

もし大西さんが1億円の物件を同じ銀行の15年ローンで購入したとすると、毎年の返済額は８４６万円になります。家賃６万円くらいの部屋が10室ですから、家賃収入は年７２０万円くらい。キャッシュフローは１００万円以上マイナスになるわけで、これは苦しいですよね。

ところが、実際には35年ローンを組んでいるわけですから、月々約40万円、年480万円の返済になり、プラス366万円。十分にキャッシュフローが残る計算になるわけです。

大西　実際、ローン返済だけならそれくらいですね。税金などのランニングコストが年140万円くらいかかりますから、キャッシュフローは220万円くらいです。

大河原　欲を言えば、もう少し利回りが高い物件ならもっとキャッシュフローが出たのに、と思うかもしれませんが、先ほどから言っているように、利回りの良い物件というのは競争率が高いですから、なかなか買えないのも事実なんですね。そういう理想的な物件ばかり狙って時間を費やし、結局1年も2年も購入に至っていない人をたくさん見てきました。

そうこうしているうちに不動産の価格がどんどん上がって、高利回りの物件はどんどん遠いところに行ってしまったという人が続出したのがここ2～3年の状況です。ですから、もちろん利回りが良いに越したことはないけれど、大西さんのように、融資との関係で一定以上のキャッシュフローが出る物件をスパッと決断して購入し、また次を買って短期間に増やしていくほうが、私は賢いと思います。

大西　いえいえ、私はただNさんを信頼して「買います」と言っただけですから。確かに不動産というのは生き物ですから、待っていればもっと良いものが出るとは限りませんし、出たとしても自分が買えるかどうかは分かりませんもんね。

大河原　そこが不動産投資の面白いところでもあるんですが、机上の論理を構築し、机上の計算をいくらしても、現実とマッチングしないことがよくある。それが理想論であればあるほどマッチングは難しく、「そんな物件はないし、たとえあっても買えない」ということになってしまうんです。

物件を紹介してもらえる人に自分がなることです

大西　私も本をたくさん読んで不動産投資の知識はかなり詰め込んだつもりでした。物件選びに関しても、築古物件のほうが利回りがいいとか、厚労省が発表している人口動態を見て、将来人口が減っていくエリアは避けようとか、知識を得たつもりでいました。しかし、そうは言ってもいざ自分が物件を探し出すとなるといろいろ迷いが生じますし、何がいいのか分からなくなるんですね。

結局、物件選びを自力でやるのは大変なことだなと分かったし、先にも言いましたが、ある本に「不動産投資のポイントは良い不動産会社と出会うことだ」と書いてあったのを信用して、とにかく、良いパートナーとなってくれる不動産会社と出会うために不動産会社を訪ね歩きました。

結局、物件のこともありましたが、3000万円の融資でNGを出されたこともありましたから、融資とセットできちんと対応してくれる不動産仲介会社と出会うことを優先すべきだと読者の皆さんに訴えたいですね。

そのためにどうすればいいかというと、自分が物件を紹介されやすい人になることが一つのポイントではないかと思います。途中まで話が進んで行って、あとは決断するだけだとなった時、「やっぱりやめておきます」というのでは、不動産会社さんのほうも嫌になっちゃいますから。

大河原　物件の良し悪しをアドバイスしてくれるような不動産会社も大事ですし、それから、どうすれば入居率が良くなるかのアドバイスをしてくれたり、実際の客付けをしてくれる管理会社選びも重要になってきます。

大西　確かにそうですね。不動産会社さんにしてもらうことは、大きく言えば2つです。個人と多額の融資をしてくれる融資先をつないでもらうことと、あとは物件ですよね。これは人脈も知識もない個人の力ではまずできないことなんですね。

だとしたら、この2つの仕事を気持ちよくしてもらったほうが得。こっちは客だからという態度で接していては、決して良い関係は作れないと思うんです。

大河原　物件の値引き交渉ももちろん依頼されればやりますが、「もう少し、もう少し」とあまり粘られるお客さんとか、仲介手数料をまけて欲しいとか、そういうことばかり言われるお客さんは確かにいます。

もちろん誠意をもって対応はしますが、そういうお客さんと将来にわたって良い関係が築けるかと言えば、疑問符が付きます。そういう方はたぶん管理会社ともそういう態度で接するわけでしょうから、入居率にも影響が出る可能性があります。

大西　自分が不動産投資事業を行う会社のトップになったつもりでいれば間違いないのかもしれません。不動産会社や管理会社のスタッフは自分の事業を手伝ってくれる他社の人間で、仲介手数料や管理手数料などは、仕事をうまく回すために信頼する外注先に支払うギャランティだと考えていれば、身勝手な態度にはならないんじゃないかと思います。

自分がプロジェクトリーダーであれば、とにかくスタッフに良い仕事をしてもらうためにご機嫌をとったり、時にはご馳走したりもするわけですから、そういうつもりで接したほうが、結局プロジェクト自体がうまくいくと思いますね。

不動産投資の流れと登場人物はこうなっています

物件選びの話になったところで、物件選びから始まる不動産投資の流れを説明しておきましょう。

不動産投資に興味のある方なら、「楽待」や「健美家」といった不動産投資サイトをご覧になったことがあると思います。

こうしたサイトで場所や利回りなど条件を入れて検索すれば、物件情報が出てきます。そこで気になった物件があれば、ネットからその物件を扱っている不動産会社に問い合わせをし、申し込みをする方も多いと思います。

物件選びの窓口になるのは、そうした不動産会社である場合がほとんどだと思います。最初から不動産会社を訪ね、物件を紹介してもらうケースも多いと思います。

そして、融資が受けられなければ買えませんから、金融機関に融資審査の申し込みをし、融資が通ったら売主に購入の申し込み、そして、購入前あるいは購入後のタイミングで現地の管理会社を訪ねたりする流れになるわけです。

そうした流れと登場する人たちを図にしてみましたので、ご覧ください。

不動産投資の流れと登場人物

流れ	登場人物
物件選び	不動産会社の人
↓	
現地確認	不動産会社の人
↓	
入居状況確認、改善点の確認など	不動産会社の人・管理会社の人 ※管理会社を訪ねるのは売買契約の後になる場合もある
↓	
購入申込み	不動産会社の人
↓	
融資申込み・契約	銀行の人
↓	
売買契約	売主 / 不動産会社の人
現地確認	売主 / 不動産会社の人
↓	
引渡し（所有権移転登記・抵当権設定登記）	司法書士
↓	
入居者募集・客付け	管理会社の人
↓	
修繕・リフォーム	管理会社・リフォーム業者の人
↓	
確定申告	税理士

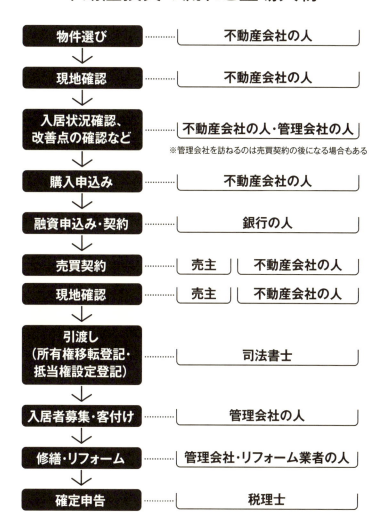

皆さんが不動産投資を始め、利益を出していくには、こうした人たちに良い仕事をしてもらわなければならないわけです。大西さんが言ったように、「不動産投資というプロジェクトのリーダーになったつもりで……」というのは、そういう意味なんですね。

それでは、物件選びについて説明していきましょう。

物件と利回りの関係はこうなっています

「同じ利回り10％で、同じ3000万円の価格の物件が、東京の銀座と埼玉県の某市にあったとします。あなたならどちらの物件を買いますか？」

もし、こんな質問を投げかけられたら、皆さんはどちらを選択するでしょうか？

よほど〝埼玉愛〟の強い方はともかく、大半の方はブランド価値が高く、ゆえに入居率も高いであろう銀座と答えると思います。

つまり、埼玉の物件が銀座と同じ利回りでは購入者が現れないということになります。

そこで、仮に埼玉の物件が利回り14％であれば、今度は買い手が付く可能性がかなり出てきます。つまり、利回りというのは地方に行けば行くほど高くなり、都市中心部に近づけば近づくほど低くなるのが常識。不動産の値段が地方に行けば行くほど安くなっていくのはこういうことなんです。

1時間目で説明した資産収入の話を思い出してください。資産収入は運用額×運用率で決まります。運用率はすなわちリスクの度合いを示していました。そして、リスクが高いものはリターンが大きくなければ誰も手を出さないというのがリスクプレミアム（リスクの対価）の基本なんですね。

収益物件の利回りとはリスクの高さを示しています。地方に行けば行くほど利回りが高くなるということは、それだけ都市中心部に比べて需要が低い、空室リスクがあると考えられているからなんですね。

では、空室リスクの低い、利回りの低い物件を買えばいいのかといえば、そうとも言えません。

今は資産がないという人は、家賃収入からローン返済分を出して、なおかつ余りのキャッシュフローを出さなければなりません。これを実現させるためには、やはりある程度の利回りが必要になるんですね。

どれくらいかと言うと、だいたい10％以上というのが基準になると思います。先ほど銀座で利回り10％という仮定の話をしましたが、実際には銀座で利回り10％の収益物件はまず出ません。都心中の都心ですから通常は5％くらいがせいぜいで、これから資産形成しようという人が銀座の物件を買ったという人はほとんどいないはずです。キャッシュフローが出ないどころかマイナスですから、それに耐えられる資金力がない限り無理なんですね。すでに資産があって〝資産防衛〟したい人ならあり得る話ですが。

ですから手持ちの資産を持たない人は、東京以外の首都圏で買うケースが多くなります。私自身が購入した物件も、埼玉、千葉、神奈川、群馬、栃木、茨城と、見事に東京を避けています。首都圏でも都心部ではなく、首都圏近郊をちょっと外れた、埼玉なら大宮や浦和ではなく、北部のほうのエリアになるんですね。

利回りの意味をきちんと認識してください

ここで「利回り」という言葉のいくつかの意味を、説明しておきましょう。

収益物件における利回りは、家賃収入（入居率１００％の前提）に対し、売買金額（諸費用含む）が占める割合で示されることが多いです。簡単に言えば、支出に対する利益の割合を表しています。これを表面利回りと言います。

たとえば分かりやすく、売買金額が1億円の物件で、1年間の家賃収入が1000万円だったとすれば、次のように計算します。

■1000万円÷1億円＝利回り10％

年間家賃収入が1100万円なら11％、1200万円なら12％となるわけですね。

ただ、家賃収入から管理費や固定資産税のランニングコスト（家賃収入の15～20％が目安）が引かれますから、実際の収入はこれより低くなる。こうした諸経費と借入れ利息分を引き、家賃収入を実際の入居率で計算したものが、ネット利回り（実質利回り）です。

先の例で言えば、

■（年間家賃900万円－年間コスト150万円－年間利息100万円）÷1億円＝6.5％

最終的なキャッシュフローがどれくらい出るのかはこのネット利回りで見たほうがいいのですが、諸経費は買ってみなければ分からない不確定要素があるので、物件情報に出てくる利回りは表面利回りになっているわけです。

先ほど、利回りは10％以上が目安となると言いましたが、これは表面利回りのことです。ネット利回りで言うと6～8％以上くらいがきちんとキャッシュフローの出る目安で。これなら、ローン金利が3～4％台と高めであったとしても利益は出る計算になります。

「利回りは高ければいい」わけではありません

物件の値段を決めるのは首都圏の場合、都心からの距離だと言いました。ただ、これはあくまでも一つの指標であって、同じエリアの物件なら同じような価格かと言えば、もちろん違います。これ以外にも物件の値段を決める要素はいくつかあるからです。

だいたい想像はつくかと思いますが、同じエリアの物件であれば、あとは建物の築年数や立地条件、構造、設備といったもので価格は変わってきますよね。ただ、大雑把なエリアの指標がありますから、まずそれを示します。（左図参照）

エリアと利回りの相関図（中古アパート）

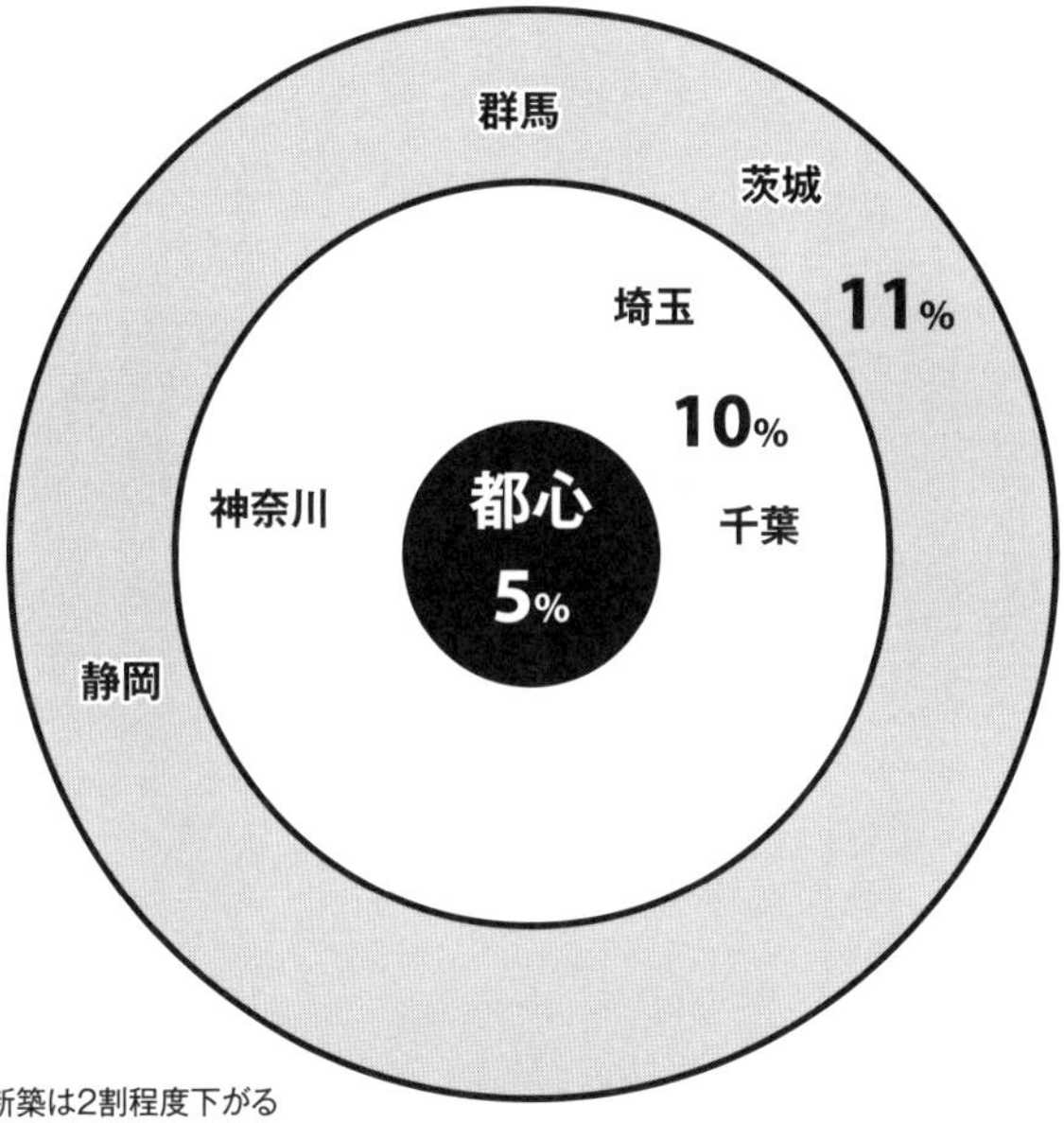

※新築は2割程度下がる

表面利回り10％以上の物件は、首都圏で都心からどれくらい離れると出てくるかと言えば、隣接する埼玉県や千葉県、神奈川県に行けば利回り10％くらいの物件はかなり出てきて、群馬県や茨城県まで行くと11％、12％といった物件が出てくると思ってもらえばいいと思います。

「ネットサイトを見ると、東京でも12％、13％の物件はたくさんあるじゃないですか」

こう言われる方もいるかと思います。

確かにネットサイトで検索すれば、東京都内でも12％以上の物件がゴロゴロ、場合によっては17％なんていう物件も出てきます。

そうなんです。あるにはあるんですね、東京にも高利回り物件が。ただ、そうした物件の詳細情報をよく見てください。築何年となっているでしょうか。たいていは築38年とか40年とか、かなりの築古物件だと思います。一般に、築20年を超えるような物件を築古物件と言いますから、超築古物件です。

こうした物件の問題は、まず1981年以降の新耐震基準前の物件だということ。また、土地の条件が悪いとか、いくつかの理由があって利回りが高くなっていると思いますが、ローンが終わるまで手をかけずに高い入居率をキープし続けるのは難しい物件が多いと思います。

旧耐震基準の物件は融資も出にくいですし、買えたとしても大規模リフォームが必要になったり、あれこれ問題が出る可能性が高い。土地が変形地で売りにくいなどの理由があって、高利回りになっているケースもあると思います。

掘り出しものはまず買えません

不動産投資の本には、「私はこんな物件を手に入れることができました！」という話がよく出てきます。

うちのお客さんにも「この本に出ているような物件はありませんか？」と言われる方がいらっしゃいます。しかしそのほとんどは、よほどのラッキーがなければ手に入らないスペシャルな物件なんですね。

都内近郊で築20年以内、それにしては価格が相場より1000万円も安く、利回りが12％以上、大規模修繕の必要もないといった物件の話で、もちろん嘘ではないと思いますが、それはたまたま起こった奇跡のような話です。

仮に、奇跡的にそうした掘り出しもの物件に出会ったとします。確かにおいしい物件ですが、そうした物件は当然競争率が高くなり、よほど属性がいいとか自己資金を注ぎ込めるといった方でない限り、買える確率は低い。実際、そういう物件ばかり追い求めて不動産会社を回り、「ダメだった。またダメだった」とやっているうちに、2年も3年も買えないでいる方は結構いらっしゃいます。

もし、その間にそこその物件を購入していれば、その間にキャッシュフローが出ていたはずですから、時間をかけるということは、その間に得られたはずの収入がゼロになってしまったのと同じことなんですね。

たとえば、1億円の物件が9000万円で買えるといった掘り出しものはただ初期費用が安く済むだけとも言えます。1億円で利回り10％の物件なら、年間1000万円の家賃収入ですから、そういう掘り出しものに時間をかけるくらいなら、1年で元がとれるとも考えられるわけです。

実際に、スピードを重視する人は、掘り出しものも探すには探しますがこだわりません。そこそこの物件があれば買ってしまいます。なぜなら、掘り出しものは年に1件買えるか買えないかというのが実際のところだからです。それに、掘り出しものを出す業者のほうも、すでに買っている人のほうが連絡しやすいので買える可能性が上がる。そういうことなんですね。

それから、気をつけなければいけないのは、「リフォーム済み」とか「現在満室」といった触れ込みです。

リフォームと言ってもピンからキリまであり、テレビ番組の『大改造‼劇的ビフォーアフター』みたいな大掛かりなものをイメージしてはいけません。ただ壁紙を張り替え、外壁をきれいにしたくらいでもリフォームはリフォーム。見た目をちょっときれいにしただけのものが多いと思います。

「現在満室」という言葉にも要注意。とにかく売りたいがために、売り主が身内を動員するなどして満室を装っているような悪質なケースもあるからです。

利回りの高さは、すなわちリスクの高さを示しているということを思い出してください。それくらいの利回りがないと買ってくれる人がいない何らかの理由があるから、値段を下げて高利回りを確保していると考えるのが無難です。

もちろん一定以上の利回りは必要ですが、とにかく高ければいいということではないんですね。

「最初の物件はどんなものがいい？」にお答えします

では、最初の一歩を無難に踏み出すには、どれくらいの物件を購入するのがいいのでしょうか？　つまり、スペシャルではないけれど、そこそこのおすすめ物件とはどういうものかということです。

ますは、利回りだけで言うと、そのエリアの利回り相場より少し高いもの。たとえば北埼玉であれば、現在の利回り相場は10～11％程度ですが、このエリアで12％の物件が出ていたら購入を検討していいと思います。

「というか、大河原さんはどういう物件を買っているんですか？」

そうですよね、私自身が買った物件の話をしなければリアリティがありませんよね。

私が買ったのは、先ほど言った首都圏でも遠方エリアで、だいたい築21年～30年くらいの木造物件が多いです。

これくらいの物件がなぜいいかと言えば、一つは、築古の木造物件は比較的値段が安くなる傾向があり、その分利回りが高めになるということです。

「ということは、リスクも高くなるということ？」

いえ、それがそうでもないんですね。前に説明したように、築30年くらいまでのアパート物件は耐震基準にも問題がなく、古いと言ってもあと15年くらいは居住可能な物件です。

1990年前後に建てられたアパート物件を見に行ってみると分かりますが、きちんとメンテナンスがされていれば、さほど問題ないという物件がかなりあります。にもかかわらず、鉄骨造や鉄筋コンクリート造に比べて利回りの高い物件が多いのは、法定耐用年数の違いがあるからです。

5～10年くらいもてばいいのであれば、そういう築古木造物件は結構あります。となれば、あとは入居率の問題さえクリアできればＯＫなわけです。

首都圏・遠方エリアでも入居率は90％超です

さて、その入居率ですが、私がよく購入した首都圏で利回り10％以上の物件が出るエリアの不動産会社や管理会社を回ってみたのですが、驚きました。

「御社で管理されている物件の入居率は平均どれくらいですか？」

聞いてみると、低いところでも90％弱。88％とかそういう数字が最低ラインとして出てくるんですね。大半は90％を超えてフル稼働に近い状態にあるわけです。

別に特別なことをしているわけでもなく、ごく普通の管理体制であっても、これくらいの数字。平均ですから物件やエリアにバラツキはあると思うんですが、入居率の平均が90％くらいあるということは、60％とか70％の危険水域にある物件は滅多にないと判断していいと思います。

言い方を換えれば、普通の物件を購入し、普通に管理していれば、入居率を心配する必要はさほどないということになります。普通の物件というのは、私が買ったような築20〜30年の築古アパート物件と考えていただいて結構です。

近隣物件の入居率を確認すると安心です

不動産会社に物件を紹介されると、現地確認に行く機会があると思います。そのときに、近隣の物件の入居率を確認しておくと安心材料になると思います。

ただ、近隣物件と言っても管理看板がきちんと付いている物件です。管理看板が付いてない物件というのは、放ってあって管理がされていない物件ですから、これは数に入れる必要はありません。

関東圏で管理看板が付いている物件であれば、おそらく8割以上の確率で80%〜90%台の入居率で回っていると思います。

2時間目の購入価格3000万円、利回り12%物件のケースで述べたように、66・6%

の入居率でトントンかちょっと足が出るくらいですから、入居率の視点から見て、これくらいのエリアは総じて問題ない。平均的な入居率で回るとすればお釣り、すなわちキャッシュフローが付いてくると言えます。

このように、何もスペシャルな物件ではなく、「そこそこの物件」で十分にキャッシュフローが出せるのが不動産投資だと考えれば、理想的な高利回り物件を狙って時間を浪費するのはいかがなものか、と私が言う意味を理解していただけるのではないでしょうか。

先にも言いましたが、不動産投資は資産収入であって、労働収入ではありません。つまり、不動産投資に時間を費やすということは、その基本が崩れて「非労働」のはずだったものがいつの間にか「労働」になってしまっているのと同じことです。

そう考えたら、理想的な物件を追い求めてなかなかはじめの一歩が踏み出せないよりは、時間を費やさずにそこそこの最初の物件を手に入れ、物件を増やしていくことのスケールメリットを早く手に入れるほうがはるかに得だと、私は強く思います。

減価償却というマジックがあります

先ほど私は、築21年～30年くらいの木造築古物件を中心に買っているという話をしました。実はこれには、利回りの良さとは別の理由もあります。

それは減価償却というものです。

減価償却とは、不動産物件のうち建物については劣化していくので、建物の購入価格を法定耐用年数の残存耐用年数＋αの範囲内で、毎年費用として計上することを認めましょうというものです。

このことによって生じるメリットは、大きな節税です。

たとえば、法定耐用年数の残存年数が12年（築10年）ある木造物件を3000万円（建物価格）で購入したとすると、次のように計算します。

減価償却上の耐用年数＝12＋（10×20％）＝14年

耐用年数14年の建物の減価償却率＝0・072（1÷14の端数切り上げ）

3000万円×0・072＝216万円

つまり実際の経費を1円も使ったわけではないのに、14年間にわたり、毎年216万円を所得から控除することができるという、マジックのような制度です。

そこで、築22年を超えた木造物件のように、すでに法定耐用年数が過ぎてしまった建物についての減価償却はどうなるか、というのがポイントです。

この場合、減価償却上の耐用年数は法定耐用年数の20％とされ、減価償却は4年でせよということになります。

先の例で言えば、3000万円を4年で償却するわけですから、750万円が4年間、所得から控除できることになります。

「不動産投資っていいもんですね〜」

こんな声が聞こえてきそうですが、確かに減価償却の節税メリットは大きな魅力です。

ただし、いいことばかりというわけでもありません。物件を所有している分には大きなメリットを生む減価償却ですが、売却するとなったときに問題が生じます。

不動産物件を売却するときに税金が発生するのはご存知でしょうか。売却すれば所得が発生しますから、これに税金（譲渡所得税＋住民税の分離課税）がかかるわけですね。

このとき、減価償却をしていなければ、不動産を買ったときの取得費（購入費＋諸経費）は丸々控除できますから、物件価格が購入時より値上がりしていないとすれば、税金を払う必要はありません。しかし、減価償却をしていると、その分は控除されませんから、それだけ売却益が出たのと同じ扱いになります。

そこに税金がかかってきます。ですから「減価償却はすごい！」と思っていると、売却時にかなりの税金を納めなければならなくなるわけです。

つまり、節税効果と売却時の課税の損得勘定が生じるのが減価償却です。個人名義で収益物件を所有した場合、減価償却は強制的にしなければならないものですが、本業のほうの収入によって所得税の税率が異なり、節税効果が違ってきます。一概には言えませんが、通常はかなりの効果があります。

5年後に売れる築古物件は魅力があります

法人ではなく個人の方が購入する場合の一つの方法として、法定耐用年数を超えた築古物件の場合、4年間は減価償却で節税し、5年を超えたら売却してしまう方法があります。

つまり、5年目からは減価償却による節税メリットはなくなりますから、そこで売却してしまう。節税で浮いたお金が売却で払う税金を上回れば得になりますし、たった5年でもキャッシュフローが出ればその分もプラス、もちろん5年間で返済した分も売却時には大きなプラスになりますから、そこでいったん利益を確定させるわけです。

なぜ4年ではなく、5年を超えてから売るかというと、5年以下の場合、短期譲渡所得と言って、譲渡税が売却益に対し39%もかかるからです。6年目からは長期譲渡所得になり税率が20%と半減しますから、それを待って売却するほうが断然得なんですね。

売却益とは、減価償却した分の費用と5年後に購入時より高く売れれば、その差額の合計のことで、これが課税対象になるわけです。

一般的には、年収が一定以上あるサラリーマンがこのやり方をすると、減価償却の節税メリットのほうが譲渡益課税のデメリットよりかなり大きくなり、得をすると思います。

(次ページ図参照)

5年後に売ってしまったあとはどうするかと言えば、また新しい築古物件を買います。そして減価償却で節税し、5年後に売却ということを繰り返す。こういうやり方があるということです。

大枠メソッド 05

4年で減価償却、5年後に売却したらどうなる?

課税所得**300**万円(年収**700**万円程度)のサラリーマンが、
3000万円(土地**1000**万円、建物**2000**万円、
年間家賃収入**330**万円、年間返済額**240**万円)の
木造築古物件を購入した場合

▼

4年間で減価償却

▼

5年後に購入時と同額で売却

どれくらいの利益が出るか概算してみると…

不動産所得 = **330**万円(家賃収入) − **50**万円(経費) − **50**万円(建物の返済利息分) − 減価償却費**500**万円 = ▲**270**万円

損益通算 = 本業の課税所得**300**万円 − **270**万円 = **30**万円

減価償却期間の税額 = **30**万円 × 税率(所得税5% + 住民税10%) = **4**万**5000**円

5年間の税額 = **4**万**5000**円 × **4**年 + **120**万円 = **138**万円
(減価償却費がなくなった5年目に跳ね上がる)

減価償却がなかった場合の税金

530万円 × 税率（所得税20%＋住民税10%）

＝159万円 × 5年 ＝ 795万円

節税効果 795万円 − 138万円 ＝ 657万円

■ 売却時に減価償却分は売却益（取得費から引かれる）となり、20%の課税

譲渡収入3000万円 − 取得費1150万円 ＝ 1850万円

購入費3000万円 ＋ 購入時の手数料や購入後の設備費・改善費など150万円 − 減価償却費2000万円

売却時の税額 1850万円 × 20% ＝ 370万円

節税効果から売却時の税額と仲介手数料を除いてプラス197万円

＋

5年間で出たキャッシュフロー ＝ 40万円 × 5年 ＝ 200万円

＋

売却時までの5年間に進んだ返済分が約890万円

＝

5年後売却、完済で約1300万円の利益が出る！

もちろん、思ったよりキャッシュフローが出ているということであれば、きっちり5年後でなくても所有期間を延長してもいいと思いますが、減価償却の節税メリットによって不動産投資の成長曲線が急上昇するのは4年までで、その後は急に横ばいになりますから、その視点だけで見れば、5年後売却がベストということになります。

ちなみに、法人名義の場合は強制償却ではなく、任意償却になるので、減価償却によって利益を調整することもできます（法人の場合はこれとは別のメリットもありますが、それはまた別の機会に）。

5年たっても値下がりしないんです

「そんなこと言っても、もともと築古物件だったものが5年も経つと、価格は下がってしまいますよね？」

そう思われるかもしれませんが、意外にそうではないんです。

たとえば、今から27年前の平成元年（1989年）の木造物件とそれより5年新しい平成6年（1994年）に建てられた築22年の同じような物件があったとして、どれくらい利回り、すなわち価格に違いが出るかと言えば、ほとんど変わらない。どちらも同じ築古物件の扱いになりますから、ほとんど差が出ないんです。

実際にそれくらいの物件を見比べると、「こっちが22年であっちが27年」なんてほとんど分かりません。つまり、今買った築22年の物件が5年経ったらボロボロになってしまったなんてことはなく、同じくらいの値段で売れる可能性が大ということなんですね。

そう考えれば、法定耐用年数が経過して間もない築22～25年くらいの物件を買い、4年間は減価償却で大きな節税メリットを享受し、それが築27～30年くらいになったあたりで、収益物件として売却するというやり方で利益を出すことは十分に可能です。

ただし、築古の価格差はあまりないと言っても、さすがに築40年近くになってくると、新耐震基準をクリアしていない問題に加え、あと15年大丈夫かという話になって買い手が付かない可能性が出てきます。

築古物件と言っても、最低1981年以降に建てられた新耐震基準の物件、すなわち、現在買うとしたら築35年以内、できれば築21～30年くらいの物件にしておくのが、買い手側のニーズから考えて無難だと思います。

長期資産形成なら土地価格が大きい物件が効果大です

その他にも、物件選びはさまざまな考え方がありますが、一例を挙げると、ローン完済まで保有し資産形成を狙うなら、物件全体の価格に対し、土地の価格が占める割合が大きい物件がおすすめです。

物件の詳細を見ると、土地値が出ているものと出ていないものがありますが、収益物件には必ず、土地と建物の価格がそれぞれにあって、3000万円の物件なら、土地が2000万円で建物が1000万円とか、土地が2200万円で、建物が800万円とか割合がだいたい決まっています。

詳細情報に書いてなくても、不動産会社に聞けば調べてくれるでしょうから、このポイントは押さえておいたほうがいいと思います。ローン完済後に売却となったときの利益が違ってきますから。

ただ逆に、先ほどの減価償却の視点で見ると、減価償却できるのは建物だけで、土地はできませんから、建物の価格が大きいほうが有利になります。

つまり、5年後に土地の売却を狙うなら土地価格を重視し、収益物件として5年後の売却を狙うなら利回り重視でいくのがいいということになります。

一般的には、5年後に収益物件として売れる物件のほうが、建物＋土地の価格で売れるわけですから1・5倍くらいお得なやり方とされています。

ただし、入居率が良くてキャッシュフローが素晴らしく出ている、地価も上がりそうだというのであれば長期保有して、土地を自分のものにしてしまったほうが得な場合もあるかもしれません。どちらにしても、プラスが増える話で、マイナスになるわけではありません。

大規模修繕が必要になるのはこんな物件です

先ほど言った「築古物件・5年後売却」のやり方をするとすれば、5年間、お金と手間をかけることなく、一定の入居率がキープできればいいという話になります。5年間は大規模修繕が必要のない物件ということですね。

では、買おうとする物件がそういう物件であるかどうかを確認するときのポイントを解説しましょう。

大規模修繕が必要になるポイント

■耐震補強が必要でないか
■外壁塗装を施す必要がないか
■屋根（屋上）防水がきちんとしてあるか
■土台が白アリに食われていないか
■傾きがないか
■雨漏りの痕跡があって修繕されていない

耐震補強が必要な物件というのは、基本的に新耐震基準が設けられた１９８１年以前の物件になります。ただ、これは融資の段階でもチェックされますから、見逃すことはないと思います。

外壁塗装に関しては、「この見た目では人が入らないよ」という場合に必要になります。見た目はキレイに越したことはありませんが、特別にキレイである必要はありません。そこはご自分の感覚で、「このくらいのアパートはよくあるよな」とか「自分が住むとしても嫌ではないな」と思えるくらいなら問題ないと思います。キレイ好きの方なら、ちょっとハードルを下げてもいいくらいだと思います。

屋上防水はきちんとしていないと雨漏りの原因になりますから、これも大規模修繕になります。経験上、外壁塗装をしていない物件は、屋根防水もやっていない可能性が高いです。

白アリは床下の見えないところに多く、見つけにくいのですが、とりあえず床がフカフカしていないかを確かめてください。

傾きに関しては、白アリに食われて傾くこともありますし、基礎や土壌への杭打ちの問題でそうなることがありますが、いずれにしても相当な大規模修繕になります。白アリや明らかな傾きや雨漏りは住宅として欠陥があるということですから、これは入居率にダイレクトに影響しますが、修繕費が大きくならなければいける可能性はありますから、管理会社との相談になりますね。

雨漏りに関しては、年月が経ってから問題が生じるケースが多いので、痕跡はしっかりチェックしておく必要があります。

資料や現地でのチェックポイントはこれです

その他、チェックしておくべきポイントは次のようなことです。

■違法建築や境界未確定など係争ごとがないか
■変な匂いがしてないか
■近くに反社会勢力の拠点がないかなどの周辺環境に問題がないか
■和室ではなく洋室仕様であるか

違法建築とか係争ごとに関しては売買時にチェックすれば分かることですが、チェックをきちんとして、お客さんに伝えてくれる不動産会社を選ぶことに尽きると思います。

匂いは現地に行かない限り、ペーパー資料の写真だけでは全く分かりません。不快とまでいかなくても何か気になる匂いがするとしたら、住む人も嫌がる可能性がありますよね。その辺はご自分の感覚で判断してもらえばいいと思います。

反社会勢力は環境に欠陥があるということで、それを取り除くことは不可能でしょうから×と考えていいと思います。これは物件を見ても分かりませんから、管理会社などに聞き取り調査をするしかありません。

管理会社の判断がポイントです

部屋の仕様の問題ですが、住む人の中には和室でも構わないという方も結構いますが、管理会社が洋室を好む傾向があるということです。入居者を募集し、管理するのは管理会社ですから、そこは管理会社のニーズを汲んであげたほうが無難だということです。

結局、入居率は管理会社にかかっていますし、入居率は不動産投資の最大のポイントですから、管理会社に「ここを直さないと入居率が上げられません」と指摘されたときは、それを実行するのに費用がどれくらいかかるかというのも大きなポイントになります。

その費用が大きいものであれば、キャシュフローが全く出なくなる場合もありますし、場合によっては持ち出しになってしまいますから、とくに5年で売ることを考えている場合にはNGと考えていいと思います。

逆に言えば、管理会社が、「駐車場は別に必要ありません」「これくらいだったら外壁塗装も大丈夫ですね」と言うのであれば、それに従っていいと思います。そのほうがコストがかからないわけですし、5年間入居率がキープできればいいと考えれば、できるだけ修繕コストは省く必要がありますから。

購入後に見えてくる物件の性格があります

今、5年後売却物件のポイントを挙げましたが、実はかれこれ20棟ほどの木造築古物件を買ったり売ったりした私の経験上、いくら注意しても買ってみないと分からないのが不動産だということも言っておきたいと思います。

とくに木造の場合は、白アリが基礎や地中柱の部分を食っているようなケースはなかなか発見できませんし、木自体がもともと生き物ですから、乾燥したり湿気を帯びたりを繰り返しているうちに、本来の木の性格が出てきて、歪みが起こったりすることがあります。それによって隙間が空いて窓のサッシが外れてしまったりといったことが、購入後に起こることがあるんですね。

「木が暴れる」と言いますが、似たような物件であっても、そういうことが起こるか起こらないかで、購入後の修繕費が全然違ってくる。大雑把に言うと、築10年くらいまでの付き合いだと木は大人しくしてくれているんですが、20年を超えてくると性格がむき出しになってくると言いますか、その辺は男女関係と似ていなくもないような……。

それはさておき、5年間、意外に修繕費がかからない物件、つまりは性格の素直な物件があったとすれば別れずに……ではなくて、売らずに長期保有してもいいかなという気にもなってきます。

それ以外にも隣地とのトラブルも不動産には付き物で、これも購入後に「しまった！」というケースがあります。よくあるのは、隣の人が騒がしいとかゴミ屋敷だとかといった問題があり、場合によっては事件が起こったりして、入居者が居付かないケースですね。

地元の管理会社がある程度は把握しているとしても、こうしたことを100％回避する方法はありません。結局、当たり外れがあるのが不動産物件ですから、そのリスクを分散するためにも、物件は一つより二つ、二つより三つと増やしていくのが賢明なやり方と言えます。

一つだけだと、キャッシュフローの規模が大きくならないだけでなく、そこに重大な問題が生じた時に不動産投資が継続できなくなってしまうリスクがある、ということなんですね。

物件選びのポイントを整理します

物件についていろいろ語ってきましたが、ここで整理しておきたいと思います。

最初にも言いましたが、物件選びには、その人の条件や見方によってさまざまな視点や考え方がありますから、これしか正解はないということではありません。ただ、私なりの考え方で物件選びのポイントを挙げるとすれば、順番はこうなると思います。

1 入居率が高い。ネット情報は×、管理会社に確認。90％以上なら○
2 利回りがエリア相場より高い。ただし、こだわりすぎるとチャンスを逃す
3 最低5年は大規模修繕の必要がない
4 長期保有なら土地評価額の高いもの。買い増しにも有利
5 減価償却の節税メリットを狙うなら4年で償却できる築古物件

私は利回りで物件を買いません

たった今、ポイントの2番目に「利回り」を挙げました。ほとんどの本では利回りが一番のポイントとして強調されているように、これによって利益予想が出ますから、利回りは大事なポイントになるんですね。

しかし、いくら物件利回りが良くても入居率が悪ければ、その利回りはキープできない。ですから、私は一番のポイントはとにかく「入居率」だと考えるわけです。物件情報に出てくる表面利回りは、あくまでも入居率１００％の想定で出された数字だということを頭に入れておいてください。

私の場合、利回りで高い物件を選んでいるわけではありません。とにかく利回りが高いもの、高いもの、という考えではなかなか決断ができません。自分の中に基準を設ける必要があるんですね。

私は、必要な利回りを、融資からの逆算で求めます。

表面利回りというのは入居率１００％の場合の家賃収入が、物件価格に対して何％になるかを示したものです。しかし、これで分かるのは、たとえば物件価格５０００万円の物件の表面利回りが10％だったとすれば、家賃収入はＭＡＸ５００万円になるということだけです。

しかし、実際に物件を買ったとき、最終的に手元に残る収入がいくらになるかは、融資条件とランニングコスト、そして予想入居率によって試算してみないと分かりません。たとえば、次のように計算します。

①融資条件融資額５０００万円金利２．４％期間15年
②返済額年３９７万円
③ランニングコスト概算年75万円
④年間現金支出②＋③＝４７２万円

ここまでの計算で、年間支出が４７２万円と出ましたから、家賃収入が４７２万円ならトントン。あとはキャッシュフローがどれくらい欲しいかです。いくらでも欲しいけれど、自分が眠れる数字です。

⑤自分の気落ちが落ち着くためのキャッシュフロー額年50万円
⑥欲しい年間家賃収入④+⑤=522万円

これで、望まれる家賃収入は、522万円と出ました。ここで初めて、利回り計算です。

■522万円÷5000万円=10・44

ただし、これは入居率100%の場合ですから、実際の入居率は90%になると予想すれば、

■10・44÷0・9=11・6

つまり、利回りは11・6%以上あればうまくいく。となれば、12%以上の物件があれば買ってしまおうという判断ができるわけです。

ちなみに、ある物件のキャッシュフローがどれくらい出るかを暗算で割り出す方法があります。その「大枠メソッド」を紹介しておきます。

大枠メソッド 06

年間キャッシュフローを簡単に計算する方法

物件価格 3000万円　**利回り** 12%

金利 2.5%の15年ローン（100%ローン）の場合

CF = 収入 − ランニングコスト − 返済額

キャッシュフローは上記の公式で求められるので、
物件価格に対して、
収入とランニングコストと返済が何%の割合になるかが分かれば、
それを上の式に当てはめればいい。

■ 収入割合は利回りと同じなので、12%

■ ランニングコストの割合は、だいたい2%

■ 返済割合は、100 ÷ 融資年数 ＋ 金利の半分ちょっと

その根拠は左ページ参照

▼

100 ÷ 15年 ＋ 1.3% ≒ 8%

■ 12% − 2% − 8% = 2%

CF = 物件価格 3000万円 × 2% = 60万円

▼

入居率100%時の年間キャッシュフローは60万円

返済割合の計算式に出てくる「金利の半分ちょっと」の根拠
…ご参考まで

元利均等返済

❶

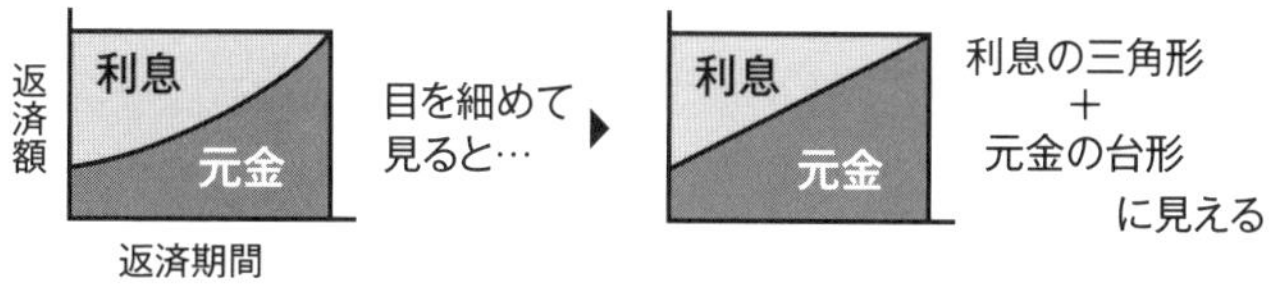

❷

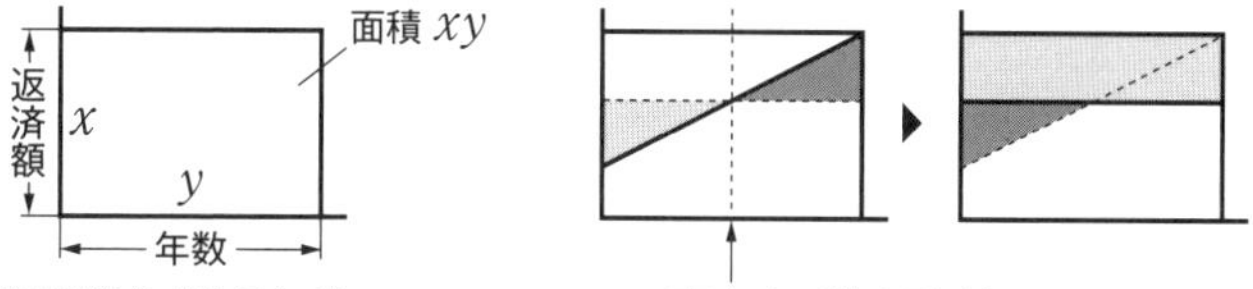

返済額を求めるには、
面積(xy)を年数(y)で割ればよい

真ん中で線を引くと
相似形が見えるので入れ替えると…

❸

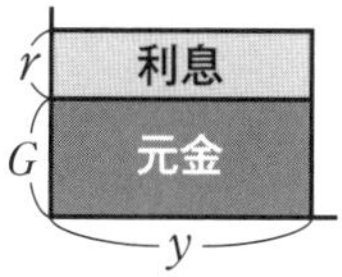

利息(r)の面積は
初年度の金利(%)
を底辺とする
三角形と同じ

元金の面積(Gy)は
借入金の総額=100%

$$\frac{r \times y}{2} + 100 = \text{総面積}\text{(支払総額)}$$

❹

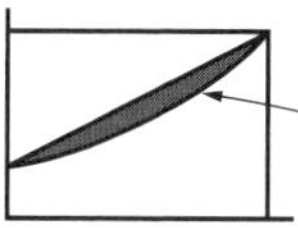

$$\frac{\text{総面積}}{y\text{(年数)}} = \frac{100}{y} + \frac{r}{2}$$

$$= \frac{100}{\text{年数}} + \text{金利の半分}$$

最初に目を細めた分を考えると…

100 ÷ 融資年数 ＋ 金利の半分ちょっと

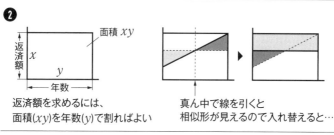

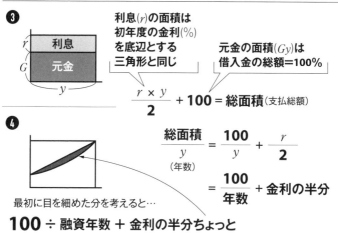

コラム

関東圏では、人口動態はさほど気にしなくていい

物件を選ぶときに気になるポイントとして、多くの本がふれているのが人口動態だと思います。人口動態とは、あるエリアの出生・死亡、転入・転出の数を調べ、人口が増えているのか減っているのかを示すものですが、その推移から将来の人口推移の推計を出してもいます。

いわば人口の増減予想ですが、これによって賃貸ニーズの増減も決まると考えられるため、入居率を考えると人口が減っていく地域の物件を購入したくないね、となるわけです。

確かに、この考え方自体は間違ってはいないと思います。とくに、長期保有を考えている方は気にしたほうがいいのが人口動態だと思います。

しかし通常、人口というのは5年や10年でそんなに変わるものではないことも、人口動態の過去の推移をみれば分かる事実です。数で見るとすごく減ってるように見えるところも減少率で見ると、関東圏では一番減るところでも10年後に3％

程度の減少なんですね。

人口がいつ大きく変化するのかは、年齢別、男女別に人口の分布を示した「人口ピラミッド」でだいたい予想がつきますが、大きな変化が起こるまでだいたい30年くらいはかかるんですね。

中には近年極端に減っているエリアも例外的にあるとは思いますが、通常は減ったとしても数年でそんなに減るものではないということも押さえておいたほうがいいと思います。

ですから、購入物件を5年で売るといったケースでは、人口動態は大きく不安視する必要はなく、現状の入居率はキープできるはずだという考えでいいと思います。

その現状の入居率ですが、ネット情報を見ると、国勢調査に基づいた「空き家率」なるものが出てきますが、これは実態を反映していないと私は考えています。賃貸住宅の空き家率を見ると入居率は80％前後の数字が多いと思いますが、実際、管理会社で調査すると、だいたい90％をクリアしていて、10～15％高く出る。

なぜそうなるのかと言えば、すでに管理をしていないアパートや相続税対策で建てられたアパート、空き家になっている古いアパートもその数に入ってしまうからなんですね。管理会社がきちんと管理している物件の入居率は90％以上あるのが実態です。

だとすれば、仮に入居率90％の物件だとすると、人口が10年で3％減ったとしても90％×97％＝87％くらいの入居率はキープでき、きちんと運営できるはずだということになります。

5 時間目

「もっと増やすには？」の授業

さて、5時間目は、不動産投資の醍醐味でもある、物件を増やすためのやり方を解説します。

実は、不動産投資の魅力はここにあると言ってもいいくらいで、はじめの一歩は小さくても、増やしていくことでスケールメリットを享受できるという話です。では、短期間に8棟もの物件を手に入れた大西さんと、2時間目でお話いただいた森山さんにも再びご登場いただきます。

融資が厳しい私でも増やせました

大河原 大西さんはわずか10カ月の間に8棟もの物件を所有するオーナーになられたわけですが、物件を増やしていったのは、やはり数字の目標があったからですか?

大西 それしかないですね。とりあえず、キャッシュフローで年収くらいは行きたいというのが明確な目標としてありましたから。

大河原　そうでしたね。不動産投資の魅力はまさにそこにあると思うんですが、森山さんも増やしていきたいというお考えは？

森山　もちろん、できることならそうしたいですね。ただ、私は大西さんのように属性が良くないものですから、融資が付くか付かないか、それ次第ということですよね。

大河原　大丈夫です。私だってサラリーマンではないですから大きな融資は引っ張れません。最初は小さい物件から始めてコツコツと増やしてきたんですから、やれますよ。

先にもふれましたが、私の場合、会社を設立する前も不動産会社に勤めていましたから、大きな融資は受けられませんでした。最初は埼玉の区分所有の物件から始めて、次が戸建て物件、1棟もののアパートにたどり着いたのは3棟目ですから、それに比べたら森山さんは最初からアパートを購入されたんですから、私より最初のステップが3段階も上です。もちろん大西さんは、1棟ものの1億円クラスと、もっと上を行っていますが。

大西　いやー、そう言われるとあれですが、私だって大河原さんの会社に出会うまでは、3000万円の融資でダメ出しされていましたから、最初から1億円なんて考えてもいませんでした。結局、物件は融資が付くか付かないかである程度決まってしまいますから、最初から大きな融資を付けてもらったのはありがたかったですね。

結果的に一気呵成に増やしてしまった感じがありますが、キャッシュフローの目標額があると、物件を増やさないことには達成できないわけです。それで、どうせやるならコツコツやるよりも、今がたまたま不動産投資にとって良い時期かもしれないと、スピード勝負で一気に行くほうを選んだ面がありますね。

安全運転できているかどうかが追加融資のポイントです

大河原　金融機関は融資に当たって属性評価や物件評価を重視し、それは二度目以降も同じですが、二度目は最初の投資がうまく行っていればポイントが上がります。うまく行っているというのは、収支がマイナスにならずに、きちんと運営ができているということです。

森山　つまり、キャッシュフローが出ているということですか？　入居率の管理もできているし、無駄使いもしていないとか、金融機関はそういうところを見るんですか？

大河原　そうですね。基本的に、収支がマイナスになってしまっている人に、銀行は次の融資をしてくれません。森山さんが銀行マンだったら、そういう人に追加融資をしたいと思いますか？

森山　思いませんね。危ないですもんね。

大西　貯金や本業の収入でしのいでいるからまだ炎は出ていないとしても、煙が出かかっていて、焦げ臭いみたいな。（笑）

大河原　そうなんです。担保をとっているといっても、焦げ付きの危険を感じたら融資に消極的になるのは当たり前ですよね。ですから、物件を増やしていきたい方が絶対に気をつけなければならないのは、はじめの一歩でつまずかないことなんです。

森山　そうか、マズイな。私なんか物件が小さいですし、15年ローンですから、たいしたキャッシュフローは出ていません。先にも言いましたが、最終的に年間30万円くらいですから。

大河原　大丈夫です。きちんと運営ができていればそのうち返済も進みますし、キャッシュフローをきちんと貯めていれば問題ありません。それに、森山さんの場合、まだまだアパートローンの枠が使えますから、その要件を満たしていれば大丈夫です。

森山　あっー、ホッとしました。

大西　私はこれまでに5億円くらいの融資を受けて8棟の物件を買いましたが、アパートローンの場合、銀行にはそれぞれトータルの融資枠のようなものがあるんですよね？

大河原　それに近いものがあります。3時間目の表に示したように、一人の人にトータルで融資する限度額がだいたい決まっています。ですから、大西さんの場合でしたら、その額が比較的大きい2行を利用していますから、現在5億円でしたらもう少し大丈夫だと思います。

大西　そのようですね。今、もう一つ別の物件を検討していますから、それを買うとだいたい一杯一杯かなと思っていますが。

森山　すごいですね。私なんか公庫ですから、そんなには無理ですよね？

大河原　公庫の場合は最初が5000万円までで、限度額まで融資を受けるとしたら2億円くらいと言われています。

森山　あっ、でもそれくらいは可能性があるんだ。3000万円の物件なら6棟くらいは行けますね。

大河原　可能性はあります。そうやっているうちに資産が増えていけば、公庫でないところで融資を受けられる可能性も出てきます。

森山　俄然、やる気が出てきました。

大河原　きちんとキャッシュフローが出ていて、それをきちんと貯めていると、金融機関のほうの格付けも上がっていきますから、使いたくてもしばらくは我慢が必要ですね。

森山　そういう目標ができれば我慢できますね。

大西　なぜ不動産投資をやるのか、という目標は大切ですよね。私の場合はとりあえず年収額のキャッシュフローということでしたが、それは人それぞれですから、それによってもやり方は変わってきますよね。

大河原　大西さんの場合でも、現在利用されている2行が限度枠までいってしまったからと言ってそこで終わりと思わなくてもいいと思います。

大西　やり方があると？

大河原　そうですね。担保評価が厳しい銀行でも、キャッシュフローが貯まって、使える自己資金がかなりあれば、それを注ぎ込んで次に行くこともできます。その場合、金利は安めですが融資期間が短くなったり物件が限定されたりします。ただ、RC物件でしたら47年ありますから、築17年でも30年ローンが組める可能性があります。

大西　なるほど。そういう考え方をすればいいわけですね。

小さな雪玉も転がせば大きくなります

不動産投資で物件を買い増していくことがなぜ必要なのか、ということを説明します。

たとえて言えば、雪の上を雪玉を転がせば次第に大きくなっていきますよね、ということです。

より大きな雪玉を作りたいと思ったとき、小さい玉を転がすのと大きめの玉を転がすのとでは、付着する雪の量が違ってきます。小さな玉も転がしていればやがては大きくなりますが、時間がかかります。それよりは大西さんのように、最初からある程度大きな玉（融資）を作っておき、それを転がして（運用して）やれば、短期間に大量の雪（利益）が付くわけです。

もちろん、最初から大西さんのように大きな雪玉を転がすことのできる方は限られています。ですから、最初手にした小さな雪玉を転がし雪を付け、キャッシュフローという利益を上げて、少しずつ大きくしていくわけですね。

融資が付かず、1億の物件は買えなかった方も、3000万円の物件を3棟手にすれば、1億円の物件を買ったのと同じことです。小さな雪玉でも、同時に3個転がして合体させるやり方で、大きな雪玉を作れるわけです。

そうやってキャッシュフローに余裕が出ると、どんどん融資が付きやすくなりますから、やがて大きな物件を買うこともできるようになります。もちろん、最初から大きな雪玉を転がせる方はそのほうが短時間で雪玉を大きくできますから、属性が良く大きな融資を引ける方はそっちで行けばいい。

買い増しに関する基本的考え方は、このようなものです。では、最初から大きな雪玉を転がすことができた大西さんのケースと小さな雪玉から始めた森山さんのケースを比べ、どのように考えればいいのかを説明しましょう。

大きな雪玉を転がすとこうなります――大西さんのケース

前の授業で木造築古物件について説明しましたが、もし、大西さんのように属性の良い方で、最初から1億円超クラスの重量鉄骨造（S造）や鉄筋コンクリート造（RC造）を狙い、短期間に増やしていきたいという方は、考え方が少し違ってきます。

こうした物件は法定耐用年数がS造で34年、RC造で47年と長く、木造に比べて部屋数の規模も大きい傾向があります。

こうした物件の場合は、同じ築年数なら木造に比べて耐用年数が長い分価格も割高で、利回りがやや低くなる傾向があります。

ただし、大西さんのケースでお分かりのように、利回りが9～10％程度であっても、30年とか35年といった長期ローンを組めば、部屋数のスケールメリットがありますから、キャッシュフローは十分に出ます。

現在、大西さんは8棟の物件をお持ちで、最初の物件だけは木造ですが、あとの7棟は築10年と17年のＲＣ物件です。

そこで、どれくらいの収支になっているかを尋ねると、やはり相当なキャッシュフローが出ていました。

ざっくり言いますと、次のようになります。

大西さんの年間収支（8棟、66部屋合計）

■年間の家賃収入４３００万円～４５００万円

■年間の返済額２５００万円

■経費800万円
■キャッシュフロー1000万円～1200万円

大西さんは最初から本業の年収ぐらいのキャッシュフローを明確な当面の目標としていましたが、年収の高い大西さんでもすでにそのレベルのキャッシュフローが出ていました。まだまだ物件を増やしていくことを検討しているようですが、現時点で不動産投資による資産収入が、今会社を辞めても困らないだけのものになっています。

驚くことに、ここに到達するまでに要した時間は、10カ月程度。1年も経たないうちに、目標を達成してしまったということ。大きな運用額を動かせば、こういうことも可能になるわけです。

小さな雪玉を転がして合わせるとこうなります——森山さんのケース

森山さんのケースは、まずは「3000万円の物件を一棟買いました」というものでした。

すると、2時間目で見てきたように、入居率80％を超えて年間に残るキャッシュフローは30万円くらい。月々だと5万円もいきませんから、これではちょっと寂しい感じがしますよね。

不動産投資は他の投資に比べてミドルリターンだと言いましたが、運用額が低ければローリターンになってしまうケースもあります。

そこで、買い増すことによって運用額を上げていくというのが基本的考え方になるわけです。

では、森山さんが買い増していったときにどうなるかです。

買い増しは運用額を上げることとイコールですから、3000万円くらいの物件を3棟所有して、トータル1億円の物件を運用していると考えてみればいいわけです。

1億円物件で利回り12％だと家賃収入は年1200万円、家賃5万円の部屋が20部屋あれば月100万円で、年間1200万円のイメージです。

1億円を2・4％の15年返済で借りると、返済は月々約66万円、年間約792万円くらいです。すると、残るキャッシュフローは次のようになります。

■1200万円（家賃収入）－792万円（返済）＝408万円
■ランニングコスト＝家賃収入の15～20％＝180～200万円程度

残るキャッシュフローはおおよそ年間180～200万円くらい、入居率が80％だとすると、144～160万円くらいということになります。

利回りとローン金利、ローン期間が同じであれば、運用額に比例してキャッシュフローが出るのは当たり前です。3000万円の物件を買った森山さんが年間50万円のキャッシュフローであれば、同じ条件で1億円の物件を買った人はその3倍くらいのキャッシュフローを得られるという、とても単純な話です。

しかも、1億円の物件の場合、土地の評価額によりますが、ローン完済後には6500万円くらいの土地資産が手に入る可能性があります。すると、単純に考えれば、現金と土地で160万円×15年＋6500万円＝8900万円の資産収入を得ることができるわけです。

3000万円の物件を購入し、買い増しをしなかった場合は50万円×15年＋2000万円＝2750万円程度ですから、その差は歴然です（それでも何もしなかった場合と比べれば大きな差がつきますが)。

実際には3000万円の物件と1億円の物件では諸条件が違ってくることが多いので、一概に同じ条件で比べることはできませんが、物件を増やしていくとどうなるかのイメージとしては、このように考えていただいて問題ありません。

買い増ししていくことができるのが、不動産投資の大きな魅力です。そこを理解していただければ、たとえはじめの一歩は小さくても、大きな目標を掲げて資産収入を増やしていくことは十分に可能です。

買い増しの前提は、銀行が融資してくれる物件です

それでは、森山さんのような方が買い増しをしていくとき、具体的に何がポイントになるでしょうか。

それはまず、融資の付く物件です。融資が付かないことには次の物件を買うことはできませんから、当たり前と言えば当たり前の話ですね。

では、銀行が融資をしてくれる物件とは何かと言えば、最初のうちは、各金融機関のア

パートローンの融資条件にはまればいいわけです。

3時間目で説明した通り、アパートローンはパッケージローンですから、その融資条件にはまっていれば貸す、はまっていなければ貸さないというだけです。

ですから、アパートローンを利用している限り、つまり融資枠の範囲でやっている最初のうちは、融資条件を満たしていればいい話。大雑把に言えば、法定耐用年数がかなり残っている物件なら都市銀行や地銀、信金といった金利の低いところでも可能性がありますし、残っていない場合は、スルガ、静銀といった、金利は高めだけれど長期ローンも組める銀行が頼りになるわけです。

ただ、公庫の場合は最初が5000万円までで、融資枠は2億円程度までありますが、2度目は1億円貸してくれるかと言えばなかなかそうはいかないので、公庫だけで短期間に増やしていくのは限界があります。2～3年で3000万円の物件を2、3棟、計1億円くらいが現実的な話だと思います。短期間に大きく増やしたい方がスルガや静銀に行くのはそういうことなんですね。

いずれにしても、アパートローンが利用できる分にはあまり細かいことは考えなくてもいいと思いますが、アパートローン以外の融資を受けたい場合には、ちょっとしたテクニックが必要になったりします。

アパートローンの範囲内しか考えていない人も、これは覚えておくと何かと役立つと思いますから、少し説明しておきましょう。

不動産投資をPLで見るとこうなります

銀行融資の基本は担保評価ですから、買いたい物件の担保評価がきちんとしているかどうかということになります。ですから、建物よりも土地評価額の割合が大きい物件のほうが有利になる傾向があります。

もう一つ、3時間目で説明した通り、銀行は物件の担保評価を見るだけでなく、その人の属性を見ます。

たとえば最初の物件から4年後に次の物件を買おうとしたとき、4年間で給与が大幅アップして属性が上がっているケースは少ないと思います。ただ、この4年間の不動産投資によって資産が増えていたとしたらどうでしょう。

そうです、年収だけでなく保有資産もその人の立派な属性評価になるんですね。

融資の審査で銀行から求められる書類がいくつかありますが、サラリーマンの場合は源泉徴収票または確定申告書の提出を3期分程度求められます。

すでに不動産投資を始めている方の場合、年収などの属性はもちろんですが、その人が不動産投資でどういう収支になっていて、どれくらいの資産があるのかが推定できるわけですね。

つまり、銀行は決算書でお馴染みのPL（損益計算書）とBS（貸借対照表）がどうなっているのかを気にするわけです。

私がよく買う築古物件のケースで説明しましょう。まずはPLです。

3000万円で購入した築22年の木造築古物件で、建物価格が2000万円、土地価格が1000万円だったとします。

年間の家賃収入は360万円、返済は240万円、ランニングコストは60万円とします。すると、4時間目で説明した減価償却を利用すると、建物が4年で償却できますから、年500万円が費用として所得から控除できることになります。すると、最初の4年間のPLは、

①収入360万円
②コスト60万円
③返済利息分50万円
④減価償却500万円
⑤不動産所得＝①－②－③－④＝▲250万円

となり、税法上の不動産所得は250万円の赤字になります。

損益通算と言って、これを給与所得（給与収入－給与所得控除）と合算すると、たとえば年収が700万円の人なら通算すると260万円の所得となり、確定申告によって約20万円のお金が戻ってくる（還付）計算になります。

さらに、住民税が25万円ほど安くなるので、合計45万円。これを4年間節税すれば180万円。所得が減少するので銀行からの属性評価が低くなると思うかもしれませんが、減価償却での赤字を説明することで、銀行も評価してくれます。できる担当者は、最初からそのように見てくれます。

BSで見るとこうなります

次にBSですが、こちらはPLに比べると少しややこしいので、図にして説明しましょう。（次ページ図参照）

BSは、その人の純資産がどれくらいあるかを見る材料として使われます。会社の決算書のように「資産の部」と「負債の部」に分けると図のようになり、金融機関から見ると、右下の純資産の部分が融資を決定する上でのその人の価値になるわけです。

最初の1年目のBSはご覧の通り分かりやすいものですが、4年後を見ると、3210万円あったはずの資産が1610万円になってしまっています。

キャッシュフローと減価償却の節税によって預金は400万円増えていますが、大きく減ってしまったのが建物資産で、これが2000万円から0円になってしまったのが原因です。すでに法定耐用年数を4年過ぎていますから、建物の資産価値は0円と見なされるわけです。

すると、負債の部では返済が進み、ローン残債も2300万円に減っていますが、建物が0円になってしまったことによって、純資産（1210万円－2300万円＝▲

融資のテクニック（BS編）

BSがこうなると融資は難しくなるが…

1年目

貸借対照表（BS）

［単位：万円］

資産の部		負債の部	
現金	100	長期ローン	3000
預金	100		
設備	10	純資産の部	
建物	2000	利益準備金	210
土地	1000		
総資産	3210	負債及び純資産	3210

← その人の価値と見なされる

▼

4年後

貸借対照表（BS）

［単位：万円］

資産の部		負債の部	
現金	100	長期ローン	2300
預金	100		
設備	10	純資産の部	
建物	0	利益準備金	▲1090
土地	1000		
総資産	1210	負債及び純資産	1210

← 債務超過と見られてしまう

1090万円）がマイナスになってしまうわけです。

しかし、これはあくまでもBS上のことであって、現実は違います。5年後にこの物件を収益物件として売却した場合、土地値の1000万円でしか売れないわけではありません。私の経験では、築古物件は5年くらいの違いではそれほど売り値は変わらない。買ったときと同じ3000万円程度で売れる物件なんですね。

ですから、BS上の数字と現実の数字に大きなギャップが出てしまい、この数字だけで判断されたら資産がマイナスですから、次の融資が付かなくなってしまいます。

確定申告書ではこの「実は……」の部分は見えませんから、「実はこうなっています」という部分が分かる説明書類を付けるか、きちんと説明に出向く必要があります。そうしたほうが明らかに融資が受けやすくなりますから。

買い増すには土地価格の割合が大きいほうが有利です

4時間目の授業で、建物より土地価格の割合が大きい物件は、長期保有すると有利になる場合があるという話をしました。

つまり売却を睨んだ資産形成の話でしたが、実は、物件を増やすという観点から見ても土地値が高い物件が有利になることがあります。

個人の場合、一般的には減価償却が終わったら収益物件として売却するやり方が1・5倍くらい有利と言われ、実際、利益だけとればそれは間違いありません。

しかし、物件を増やすには新たな融資が必要になります。そのときに、返済が進んだ物件で土地価格の割合が高い物件があれば、融資が付きやすくなるんですね。

どういうことかと言いますと、極端な例を言えば、同じ3000万円の融資を受けて購入した3000万円の物件AとBがあったとします。Aは建物は古くて評価額ゼロですが、駐車場が付いていたりして敷地面積も広いので土地評価額だけで3000万円、Bは敷地が狭く、土地評価額は1000万円、ただし建物の評価額が2000万円の物件だったとします。

ABとも返済が進み残債が1500万円になったとします。この場合、Aは1500万円の土地に対して土地価格が3000万円ですから、銀行から見ると担保価値3000万円になります。

すると銀行は、残債を引いた1500万円ならいつでも貸しますよ、という話になるわ

大枠メソッド 07

返済が進むと融資が出やすい物件とは？

物件A ■駐車場付きで土地が広いアパート 利回り9%

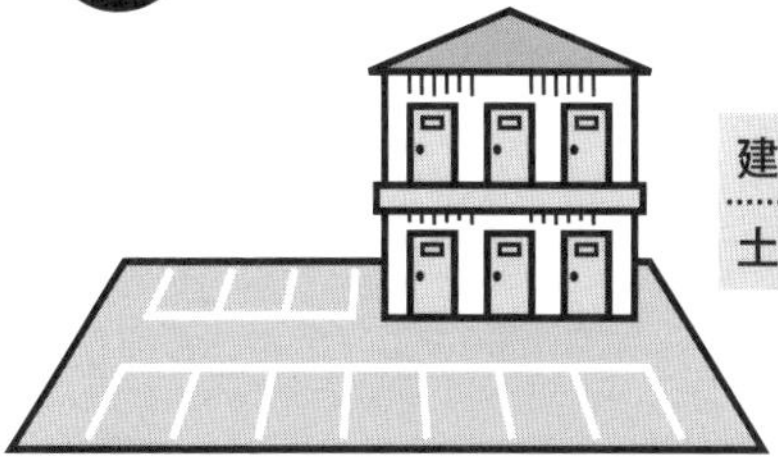

建物価格	0万円
土地価格	3000万円

メリット：資産価値が大きいので融資が付きやすい
▼
次の物件が狙いやすい

デメリット：キャッシュフローが出にくい

物件B ■土地は狭いが建物が新しいアパート 利回り13%

建物価格	2000万円
土地価格	1000万円

メリット：途中で収益物件として売ると、最も利益が出る

デメリット：資産価値が小さいので融資が付きにくい
▼
次の物件が狙いにくい

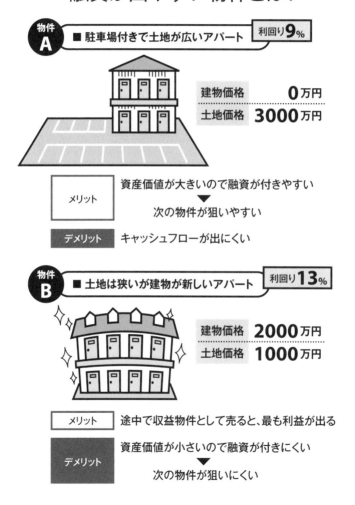

けです。ところがBは、年数が経って建物の評価額が0円になると、担保評価は1000万円しかありません。しかも残債が1500万円残っていますから、新たな融資は出にくいということになります。（前ページ図参照）

Aのような物件は、年月が経っても資産価値が目減りしない魅力から人気があるので、多少利回りが相場を下回って相場が11％なら9％くらいになる傾向がありますが、早めに収益物件で売ることもできますし、長く持って建物が古びても、土地だけで高く売ることもできる。つまり出口の選択肢が多いわけです。

では、Bの物件は人気がないかというと、そうではありません。こういう物件は相場より価格が安めになりますから利回りが相場より高い13％になったりもします。買うほうからしたら魅力的な収益物件なんですね。

要は、5年間保有して売却するとしたらBのほうが利回りがいい分収入が高く、最後まで持ち続けるとしたらAのような物件が有利になる傾向があるということ。そして、次の物件を買い増すための融資戦略を考えたときは、土地評価額の高い物件が有利になるということです。

キャッシュフローは極力使わないでください

買い増していくことで不動産投資の運用額はどんどん上がっていきキャッシュフローも増えていきます。

ただ、ここで強調しておきたいのは、「キャッシュフローを生活費の足しにしよう」という考えを捨ててください、ということです。

貯まってくると、つい使いたくなるのが人間です。車を買ったり旅行をしたり、あるいは子供の教育にお金をかけたりしていると、いつの間にか、あったはずのキャッシュフローがどんどんなくなっていきます。

「収支はマイナスじゃないんだから問題ない。そもそも、これまでしたくてもできなかった生活をするために不動産投資を始めたんだから」

こういう考え方に陥るんですね。

しかし、先の例のように1億円を30年ローンで借りた人は、15年たった時点でも6450万円の返済残高が残っています。ようやく残高が半分の5000万円を切るのが19年目に入ったくらいですから。

当初のキャッシュフローをローン完済までずっと維持できればいいですが、新築でもない限り30年の間には大規模修繕が必要になったり、地価の下落や老朽化によって入居率がキープできなくなったり、家賃を下げざるを得ない状況になるなど、何が起こるか分かりません。

そのときに、キャッシュフローを貯めていれば補うことができますから恐がることはありませんが、キャッシュフローが残っていないと危険な状態になりかねません。

大事なことは、キャッシュフローは自由に使える余ったお金だとは思わずに、できるだけ貯めておくこと。そして、キャッシュフローの使い道は再投資、すなわち買い増しに回すことです。

そうやって物件の数を増やしていけばキャッシュフローの額が増えますし、複数の物件があればリスク分散ができます。

たとえば、ある物件がうまく回らない、収益が出ないとしても、他の物件で出たキャッシュフローでフォローすることができます。あるいはそういう物件はマイナスが大きくなる前に売却してしまい、新しい物件を手に入れる。そうした場合の自己資金としてキャッシュフローを活用すれば、その分利回りは高くなり、運用が楽になります。

私自身も、キャッシュフローの一部をつい使ってしまうことがないわけではありません。ストイックになるのも限度がありますから、ある程度はやむを得ないと思いますが、長期融資で生まれるキャッシュフローをどんどん使ってしまうことの恐さは、ぜひ認識しておいてください。

3時間目の融資の授業で使った例で言うと、100万円を返す約束をして80万円を受け取った。キャッシュフローを使うのは、100万円を返す前にお金を使ってしまうのと同じことなんです。

キャッシュフローは使わずに再投資に回す。

とくに一歩を踏み出したばかりの方は、これが大原則と覚えておいてください。

「キャッシュフロー命」は、危険性をはらんでいます

話は少し変わりますが、ここで、キャッシュフローに対する私の考え方を話しておきたいと思います。

今たくさん出ている不動産投資の本を見ると、「とにかくキャッシュフローが出るやり

方を」とか「キャッシュフローこそ不動産投資の生命線」といった書き方をしているものが多いように感じます。

私はそこに違和感を感じるんですね。

そのために、「融資はできるだけ大きく、返済はできるだけ長く」というやり方が推奨されるのですが、キャッシュフローを多く出そうということにこだわると、高額融資をしてくれ、融資期間を長くとれるような限られた銀行に頼ることになり、金利も高めになります。

すると、どうなるでしょうか。

確かにこのやり方はキャッシュフローが出ます。１億円を金利４％の30年ローンで融資してもらうと、返済総額は約１億７０００万円と莫大なものになりますが、これを30年で割れば月々の返済は48万円程度になり、家賃収入が80万円程度とすれば月々30万円のキャッシュフローが生まれます。ランニングコストを引いても20万円近くは残りますから、年間２２０～２４０万円くらいのキャッシュフローが残ります。

一方、同じ１億円を金利２・４％の15年ローンで借りるとすると、返済総額はおよそ１億１９００万円と大幅に圧縮されます。しかし、返済期間は半分ですから月々の返済は

66万円にもなり、これだと80万円の家賃収入があっても月々のキャッシュフローは5、6万円、年間でも60~70万円くらいしか残りません。融資期間が7年とか10年とかもっと短くなれば、間違いなくキャッシュアウト。持ち出しになってしまいます。

このどちらの考え方が得なのかという問題です。

ローン期間が長くても短くても、物件自体は同じなので、家賃収入は変わりません。ところがローン期間が短いほど返済総額も低くなりますし、金利も低くなるのが普通ですから、それだけ経費はかからなくなります。

ですから、本当ならば、融資期間はできるだけ短くして経費を圧縮したほうが得をするわけですね。

ところが、このやり方をするとキャッシュフローが出ない。場合によってはキャッシュアウトになりますから、損したような錯覚に陥るんです。

逆に言えば、融資期間を長くすればキャッシュフローが多く出ますから、一見こっちのほうが得したような気分になるんですね。

でも、実際は逆なんです。冷静に考えれば当たり前ですよね、先の例でも返済総額が5000万円も違ってくるんですから。

でも、私の会社のお客さんにこれを説明しても、なかなか理解してもらえません。「キャッシュフローが出ないなら、やる意味がない」と思っている方が大半ですからそうなるのでしょうが、本来、不動産投資の正しい考え方はそうではないということを理解していただけたらと思います。

返済総額が大きくなるほど、なぜか「いいね！」が増えます

不動産投資の融資期間において、多くの人がこれはＯＫ、これはＮＧと思うところをグラフにしてみると、面白いことが分かります（左図参照）。

期間ゼロ、つまりは現金で買うのは、実際には金利ゼロで即全額返済しているのと同じなので、初年度の収支は大きなマイナスなのですが、これはなぜかＯＫ。すべて自己資金で借り入れゼロだからＯＫということだと思います。

そこから融資期間が増えていくと10年くらいまではキャッシュアウトの状態になるのでＮＧ、そこから先は期間が長くなればなるほどキャッシュフローがどんどん増えていくのでＯＫ度が増していきます。

大枠メソッド 08
キャッシュフローは収入とは違う

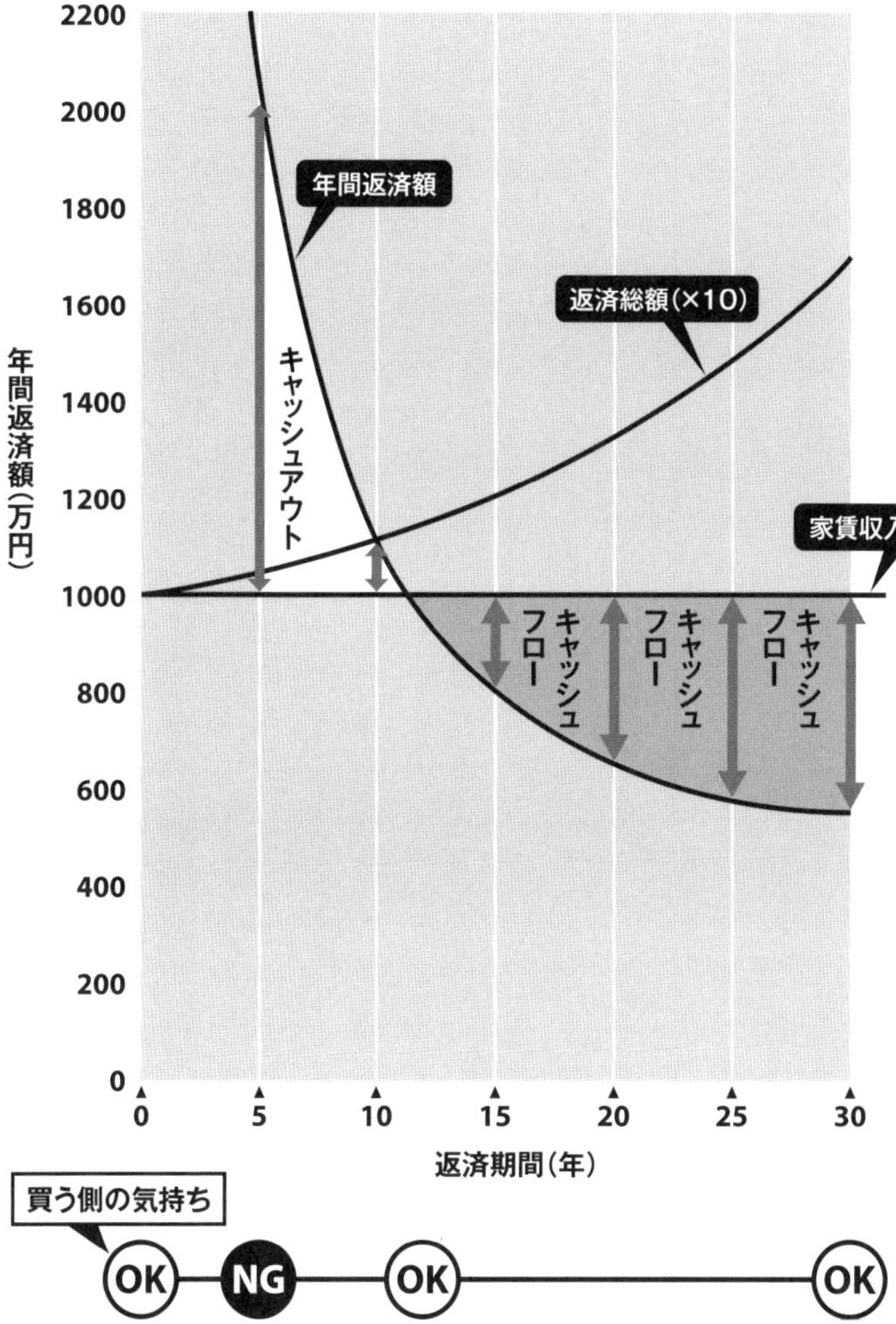

言い方を換えれば、返済総額が増えるほど「いいね！」が増えるということ。よく考えれば、これはおかしな話なんですね。

では、不動産投資をする大半の人たち、あるいは大半の本が〝キャッシュフロー命〟を金科玉条のごとく掲げるのはなぜでしょうか？

それは、収入に対して返済の割合が低いと、安全度が増すからなんですね。キャッシュアウトになって返済が苦しくなることが起こりにくいということです。

保険と同じだと考えれば分かりやすいと思います。保険は保障（補償）内容を充実させ、安全度が増せば増すほど保険料が高くなります。融資の場合も、安全性への対価として返済総額が高くなるわけですね。

ただし、長期ローンはキャッシュフローが出やすいので安全度が高くなったように見えますが、それはあくまでも融資に対する安全度であり、ロングスパンでとらえた不動産投資全体の安全度が高まったわけではありません。

それだけ返済総額は大きくなっているわけですから、長期で見ると、先ほど言ったように安全だとは言い切れない。20年、30年の間には建物が老朽化してきますし、社会状況も変わります。今と同じ状況が続くわけではない。

ですから、キャッシュフローはできるだけ貯めておき、不測の事態に備える必要があるということです。

恐いのは、購入価格と売却価格の差が大きい場合

不動産投資の出口パターンは、「減価償却後の5年後売却」のように短期保有して収益物件として売却する、融資期間いっぱいまで保有して土地を自分のものにし、土地のみを売却する（建物の価値がなくなっている場合）、その土地に新築アパートを建てて賃貸に出す、あるいは収益物件として売却するなど、いくつかのパターンがあります。

いずれにしても、ずっと土地を保有し続けるのでない限り、最終的には売却によって利益が確定するのが不動産投資です。「キャッシュフローは利益とは違う」と言ったのはまさにそのことで、金利の高い長期ローンの場合などは、キャッシュフローが利益を上回ってしまうことが起こります。

恐いのは、そうした場合に、そのキャッシュフローが利益だと錯覚してどんどん使ってしまうことです。

では、「不動産投資の利益」とは何か、ということです。

実際の利益は売却するまで確定しませんが、将来の利益がどうなるかは、私が考えた「大枠メソッド」でシミュレーションすることができます。

利益とは、キャッシュフローに「返済が進んだ分の含み益」を足したものです。利回りから金利とランニングコストの年間割合を引いたものが利益の割合になりますから、これに物件価格を掛ければ、年間の利益予想が出ます。

ただし不動産の価格は上下しますから、購入物件の価格が上がると場合と下がる場合では利益に差が出てきます。収益物件として売却する場合には、上がると予想される場合にはその分を上乗せし、値下がり予想なら差し引けばいい。

収益物件で売れる場合は、下がる場合でもさほど問題にならないのですが、問題は、建物がもはや住めない状態になり、収益物件としては売れない状態になった場合です。たとえば、3000万円で買った物件の土地値が売却時に1000万円になっていたら、それまで利益になるはずだったものが2000万円分目減りします。

いざ売却となったときに、こういう価値の下落（あるいは上昇）が突然起こるのが不動産の特徴です。株や為替のように取引市場が存在しないため流動性が低く、「この物件は、

大枠メソッド09 3つの売却パターンで考える不動産投資の利益

キャッシュフローだけが利益ではない

実際の利益 ＝ CF ＋ 返済が進んだ分の含み益

▼

物件価格 ×（利回り － 金利 － ランニングコストの割合）

利回り 12%　**金利** 3%　**ランニングコスト** 2%
（物件価格に対する年間割合）

の場合、購入時と同じ金額で売れるとすると…
（収益物件は購入時と同等もしくはより高い金額で実際に売れている）

▼

12% － 3% － 2% ＝ 7%

3000万円の物件なら、

3000万円 × 7% ＝ 210万円

これがCFと返済含み益を足した年間の利益になる

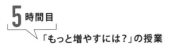

売却時の値上がり、値下がりには3つのパターンがある

パターン❶ 通常の相場の上下

パターン❷ 安く買えた分、高く売れる

パターン❸ 収益物件として購入し、建物が住めない状態になってから土地のみを売却

パターン❶ は、利益の線を上下させる。
たとえば年間2%上昇予想で5年後売却なら…

年間利益 7% ＋ 2% ＝ 9%　9% × 5年 ＝ 45%

▼

3000万円 × 45% ＝ 総利益 1350万円

パターン❷ は、パターン①の計算に、安く買った分の利益を足す。
500万円安く買っていて年2%上昇予想であれば…

▼

1350万円 ＋ 500万円 ＝ 総利益 1850万円

パターン❸ は、購入額と土地売却価格の差額を総利益から引く。
年2%の上昇予想で15年後に3000万円で購入した物件の土地を2000万円で売却すると…

▼

9% × 15年 ＝ 135%

3000万円 × 135% − 1000万円(差額)
＝ 総利益 3050万円

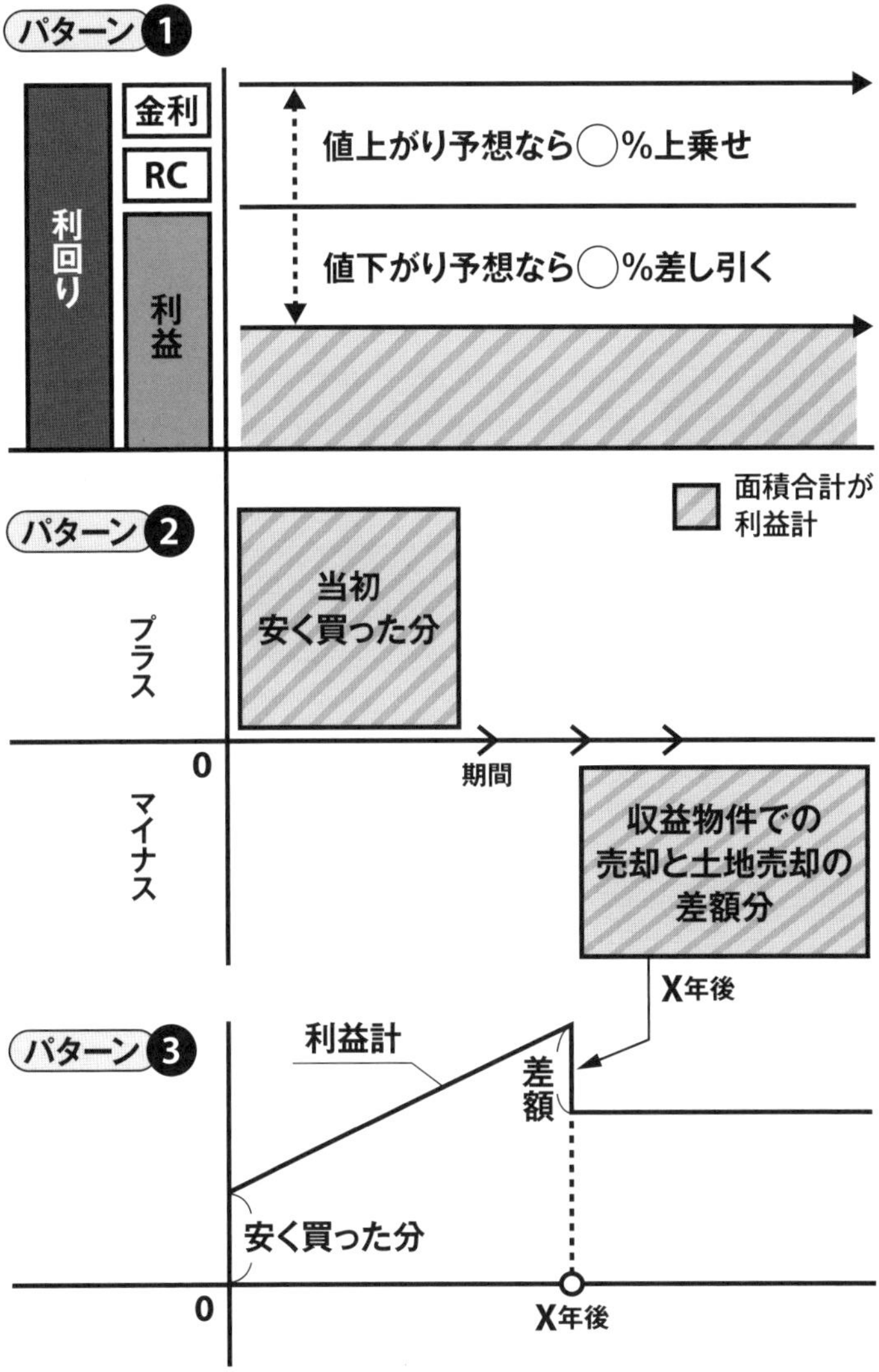
パターン1
金利
RC
利回り
利益
値上がり予想なら◯%上乗せ
値下がり予想なら◯%差し引く
面積合計が
利益計
パターン2
当初
安く買った分
プラス
0
マイナス
期間
収益物件での
売却と土地売却の
差額分
X年後
パターン3
利益計
差額
安く買った分
0
X年後

※RC（ランニングコスト）

パターン❶と同様に
値下がり予想を土地値まで評価差にすることで
本当の利益を考えると安全
＝
ローリスク・ローリターン

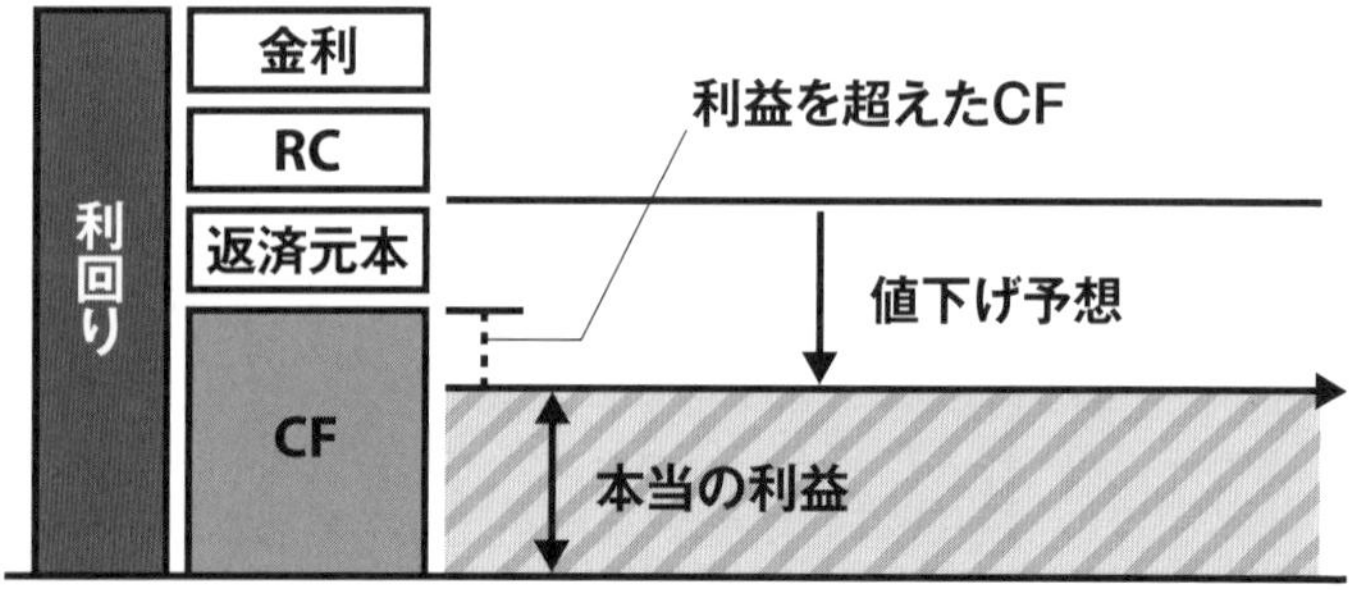

今いくら」というのが把握しづらい。売ってみなければ分からない要素が多いんですね。

利益はキャッシュフローと含み益の合計と言いましたが、収益物件で売れればかなり出るはずの含み益が、場合によってはほとんど飛んでしまうことも起こりかねない。こうした場合でも、キャッシュフローが貯まっていれば利益は残るわけですが、キャッシュフローを使ってしまっていたらどうなるか。

恐いと言ったのは、そういうことなんですね。

6時間目

「リスクは回避できます」の授業

不動産投資の最初の一歩をなかなか踏み出せない方は多いですが、聞けば大抵、「リスクが大きそうだから」という答えが返ってきます。

入居率への不安、地価の下落、金利の上昇などなど、もちろんリスクはあるわけですが、それはどういうもので、どの程度のリスクなのか、そしてそのリスクを回避する方法はないのか。6時間目は、その辺りを語ってみたいと思います。

安心していただくために先に言いますと、不動産投資のリスクはそれほど大きいものではないということ。そして、やり方によってかなりの部分のリスクはかなり潰せるということです。

それではまず、大西壮和さんがリスクにどう向き合っているかを聞いてみましょう。

リスクはコントロールできます

大西　不動産投資の最初の一歩を踏み出せる人、なかなか踏み出せない人。そこには、一歩踏み出すリスクをどう考えるかという違いもあると思います。単純に言えば、慎重派と楽天派の性格の違いもあると思いますし。

ただ、そこは少し努力すれば乗り越えられると思うんです。たとえば、借り手の付かない空室リスクは当然あるわけですが、これはある程度部屋数を持つことで軽減されます。それから、近年の空室状況がどうであったか、あるいは、人口動態など地勢的な条件がどうであるかなどを調べたりして軽減できるわけです。

あとは火災、地震、水害など災害リスクについても、火災と地震は保険でクリアできますし、水害は危険性のあるエリアを避ければいいわけです。

地価の下落リスクもありますが、人口動態や町の様子など、そこのエリアに近い将来大きな変化があるかないかなどを調べていけば、ある程度は予想がつきます。

ローン金利の上昇ということもリスクとしてはありますが、過去の金利の動きを見る限り、よほどの好景気にでもならない限り、金利が大きく動くことはないでしょう。仮にすごい好景気になったら不動産価格は当然上昇しますから、家賃の見直しもできるでしょうし、売却して利益を確保することもできると思います。

結局、今挙げたようなリスクが不動産投資には確かにありますが、リスクを軽減したり、予防策を打つことはできる。ですから、こうしたことをリスクと思って恐がるのではなく、リスクと考えなくてもいいレベルまで減らせばいいだけだと思いますね。

大河原　私たちはリスクをどう減らしていくかについても、もちろんお手伝いしますが、最後はやはりご本人の判断になりますから、その判断を下せるレベルまで、ある程度の勉強は必要だと思います。

大西　簡単に言えば、どこにリスクがあるのかを押さえることと、どう回避するか。この2点で、これは本を読んだり、仲介会社さんまたは管理会社さんに聞いたりすることでも理解できるはずです。ただし、リスクはもちろんゼロにはなりません。空室リスクにしても、出ていく人は必ずいますから、常に満室という状況にはなりません。

大河原　それも考え方で、もちろん入居率100％に越したことはないけれど、たとえば80％までは許容できる、キャッシュフローが残ると考えれば、恐れることはないと思いますし、最低それは下回らないであろう物件と良い管理会社を紹介してもらえばいい。そういう具体的な基準を持つことも、一歩を踏み出すうえで大事なことかもしれません。

大西　そうですね。最初の一歩を踏み出すとき、これ以上はOK、これ以下はNGというリスクのバーの高さを私ははっきり決めていました。そこがぼんやりしているとなかなか踏み出せないわけですから、意思決定をするためには、自分の中にこれ以上の物件は○、これ以下の物件は×という基準を持っておくことが大事だと思います。

大河原　そうしておけば、リスクはかなりの部分潰せるということですね。

最大ポイントはチームメイトとの出会いです

大西　先ほど、一般的なリスク回避の方法を言いましたが、それよりもまず、良い不動産仲介会社や管理会社に出会うこと。そのための努力を惜しまないことが、リスク回避の最も近道ではないかと思います。

不動産会社さんがしてくれることは、融資を付けてくれること、それから物件を探してくれること。まあ、そういう仕事ですから、当たり前と言えば当たり前なのかもしれませんが、きちんとそれができるところは、私の経験で言えば、それほど多いわけではないような気がしています。
そして、リスク回避のために重要なことは、物件を買って仲介手数料を払ったら「ハイ、さよなら」式の仲介会社さんではなく、大河原さんの会社のように、アフターフォローもしてくれる会社ですね。購入後の相談にも乗ってくれ、アドバイスしてくれるような会社と出会うことができれば、安心感が全然違ってきます。
不動産投資は物件を買うまでもそれなりの苦労はもちろんありますが、むしろ買ったほうは購入後が勝負ですから、そこで心配や不安が出てくるわけです。そういう時に相談に乗ってくれるプロがいるのといないのとでは全然違いますよね。

大河原　ビジネスとしても仕事のやり甲斐としても、一つ売って終わりでは、こちらとしても面白みや夢がありません。できることなら物件を増やしていってもらえば、こちらとしてもビジネスになりますし、お客さんにはそうやって大きな資産収入をつかんでもらいたい、そして幸せな人生を手に入れてもらいたい。そう考えています。

大西　私の場合は3000万円の融資でダメ出しされたところから始まって、ライフラリさんと出会い、自分の可能性を引き出してもらったという思いがあります。ただ、そうしてもらうために考えたことは、まず自分の中で目標、目的を整理し、それを正しく伝えること。そして、その考えがブレないようにすること。そして意思決定のスピードを早くすること。一応こういうことを考えて行動したつもりです。

大河原　賃貸業はビジネスで、物件購入者はそのビジネスの社長さんなんですね。ですから、社長の立場で考えれば、ビジネスをうまく運ぶためには、それを手伝ってくれるチームと組んで、その人たちに効率よく動いてもらわなければならないはずなんです。

大西　それはよく分かります。言ってみれば、賃貸業では自分が社長ではあるけれど、一方ではサラリーマンとして勤めている会社があり、そっちが本業なので、そのために時間と労力を費やすことはできるだけ避けたいし、自力ではできない領域も多い。

　そこで、自分ではできない領域をその道のプロフェッショナルの人たちに依頼し、やっていただく。それがうまくいかなければ、賃貸ビジネスのほうは断念しなければいけないわけですから。

大河原　そういう考えでいてくれる方が多いと、私たちも気持ちよくお手伝いさせていただくことができます。

大西　たぶん、すべてをプロに任せればいいというのも違うと思うんですよ。やはり、自分で勉強するところは勉強して、購入後は入居状況の数字なども把握するくらいのことはやったほうがいいと思います。そういうことをしていれば、入居率が悪くなりかけているといった状況も常に把握できる。そして、何が原因なのか、家賃なのか、設備なのか、管理会社なのかとか自分なりに考えた上でまたプロに相談し、対策を練ってもらうこともできると思っています。

監督になる人とプレイヤーになる人がいます

大河原　先ほど賃貸ビジネスの社長と言いましたが、言い方を換えれば、大きな不動産投資ができる人はチームの監督になれる人で、監督ではなく、自分がチームのプレーヤーになる人は目標に違いがある人なんですね。

野球で言えば、仮に自分があるプロ野球チームの中心選手であったとしても、全得点を自分のバットで叩き出すことはできません。あるいは投手であれば、全試合に登板して勝ち星を挙げまくるなんてことも不可能です。つまり、選手をやっていては、チームの勝利に対する選手一人の貢献度は限られているんですね。

そうではなく、チーム全体をどういう選手で構成し、投手のローテーションや打順をどう組むかを考える監督の役割をうまくこなすことができれば、こっちのほうが勝利への貢献度は高くなります。メンバーはほとんど同じなのに、監督が代わっただけで突然強くなるチームがプロ野球にもあるじゃないですか。

つまり、自分は点を取れなくてもいい。点を取ってくれる選手を抱え、効率的に動かすことのほうが勝利への近道なんですね。

不動産投資で言えば、自分がプレーヤーになろうとするタイプの人は、いくら頑張ったとしても小さなビジネスしかできません。ところが、監督になって、適材適所に選手を配置し、気分よく仕事をさせれば、大きなビジネスが可能になります。

大西　仲介会社を選ぶのも銀行や管理会社を選ぶのも、言わば監督である自分が、点を取ってくれるプレーヤーを集めるということなんですね。これは、やってみるとよく分かります。自分で点は取れないですし、全部自分がやらなきゃと思っていたら、手間ばかりかかって、短期間に大きなビジネスにたどり着くことは到底できなかったと思いますね。自分がやったことを振り返ってみても、プロの皆さんが持ってきてくれた案件に対し、私の考え方の軸で判断し、意思決定しただけなんですね。

大河原　自分はそういう役割だと認識してくれる人ばかりだといいんですが……。

大西　もちろん、事前にこういう方針で行きたいということははっきり伝えたつもりでしたから、プロの方たちから上がってくる案にズレを感じたことはほとんどないです。ただ、もちろん、意思決定は自分で行い、責任も自分で負うわけですから、こうして欲しいという要望があればきちんと伝えるべきだとも思っていますが。

物件を増やせばリスクは分散できます

大西　私の友人で、5年くらい前から不動産投資をやっている人がいるんですが、彼は自分で銀行に融資をお願いに行っているんですね。最初は、自力で融資を引っ張ろうというその根性に感心し、凄いなあと思っていました。ただ、5年たった今、結果的に彼が引っ張れた融資は1回1回が小さな額にしかなりませんでしたね。

5年も苦労した努力は凄いと思います。ただ、たった2カ月くらいで私が受けた融資に到底及ばない額です。そう言うと、私が彼ほどの努力もせずに何か悪いことをしているようにさえ感じるのですが（笑）、現実に起こったことはそういうことなんですね。

大河原　それがまさに、プレーヤーと監督の違いなんです。プレーヤーでいる限り、短期間に大きな成果をつかむことはできませんが、監督ならばそれが可能になる。それが不動産投資の世界です。自力でやったほうが金利も多少低くなるかもしれませんから、同じ物件なら収益が良くなったりするとは思います。ただ、大きな額を引っ張ることは難しいです。

大西 そうなんですね。額が少ない上に時間がかかりますし。タイム・イズ・マネーという部分もありますからね。

大河原 こちら側から見ると、大西さんのように短期間で物件を増やしていくことが、ある意味、不動産投資の最大のリスク回避法かもしれません。大きな運用額で運用すれば、リターンは大きくなるわけですから、キャッシュフローがどんどん貯まっていきます。そうやって、地価下落などのリスクに備えるということです。

大西 なるほど、それはそうですね。私の場合、短期間に大きな物件を買い増していっていますが、それはつまり、貸している部屋数が増えるということです。最初に1部屋の区分物件を貸し出したことがあると言いましたが、そのときはたった1室ですから、そこが空いてしまえば収入はゼロになってしまうんですね。

今は70部屋近くを賃貸に出していますが、これくらいあると、あの部屋が空いた、この部屋が埋まったと一喜一憂しなくてもよくなって、気が楽になった感じがします。

大河原　私自身もそうですが、大西さんも場所を変えて物件を買っています。それも一つのリスクヘッジだと思います。エリアによっては状況が悪くなることも考えられますから、もし、ある場所の物件がうまくいかなくなったらそこは売ってしまって、別の物件を新たに探すことも、複数の物件を持っていれば、あまり深刻にならずにできると思います。

大西　リスク分散ということですよね。1部屋より2部屋、2部屋より3部屋のほうが空室リスクは確実に減らせるわけですから、物件を増やすことがリスク回避につながるということはよく分かります。

地価下落リスクより、何もしないリスクのほうが大きいです

現在、不動産を担保した融資が過去最高額になっているという話をしました。それと同時に、都心部に限らず地価がここ3、4年の間、毎年上昇しています。これは何を意味しているでしょうか。

この状況が永遠に続くということはあり得ません。なぜなら、日本の国土は決まった面

積しかないわけで、今はその国土を担保にした融資額がどんどん増えていたとしても、どこかの時点で限界がくるはずなんですね。国土が大きくなることはないわけですから。

それにもかかわらず、増え続けていくとしたら日本が約30年前に経験したバブルの状態です。一定量しかない土地に対する担保＝債権が増え続けるということは、あるべき土地の価値を超えて貸しているお金の額だけが増えている状態ですから、どこかで崩壊の危機がやってくるはずです。

すなわち、地価の下落です。

こうなると、不動産の資産価値が下がって、家賃相場も下がってくるから返済ができなくなってしまう。だから不動産投資は恐いと言われるわけです。

しかし、そういう面がゼロとは言いませんが、実際にはそれほど恐がることはありません。むしろ1時間目で述べたように、何もしないことのリスクのほうが大きいと私は考えます。

このまま何もしないでも安泰な人生なら、初めから不動産投資に目を向ける必要もありません。このままではマズイ、何とかしたいと思ったから不動産投資はどうか、と皆さんはこの本を手にとったはずです。

であるならば、今、このチャンスを逃さず早く手を打つことこそ、リスク回避の最大の一手と考えてもいいのではないでしょうか。

地価が下落しても含み益が減るだけです

今のうちに一歩を踏み出せば、数年の間にある程度キャッシュフローも貯まります。そうして、下落リスクに備えてください。

地価が下落したからといって、すぐに連動して家賃相場が下がるわけではありません。家賃が下がってくるまでには2～3年のタイムラグがありますから、しばらくはそのまま家賃収入が落ちることはありません。

ですから、地価が下がったといっても、売却しない限りはキャッシュフローのマイナスが生じるのではなく、含み益がその分減ったという状態なんですね。株をやっている方ならお分かりだと思いますが、株価が下がったとしても、売らなければ実際の損は出ません。それと同じだと考えていただければいいと思います。

もちろん、本当に危ないと思ったら、それ以上下がる前に売却する手もあります。買ったときほどの価格で売れなかったとしても、すでに返済が進んでいれば、プラスが出せるはずですから。

実際にバブルの泡が弾け、地価が下落したとしても、一番下がるのは人口が増え続けて需要が高い都心部でしょう。それだけ上昇割合も高いわけですから、当然そうなります。次に首都圏近郊、それより外れたエリアにも当然影響は出ますが、もともと都心部ほど上昇していませんから、それほどの下落にはならないとも考えられます。

30年前のバブル期のことを聞くと、日本全体が好景気に沸き、日本中の地価が高騰したということです。しかし、バブル崩壊で一気に下落したのは庶民の手が届かないところまで高騰していた都心物件で、その他の地域も下落はしていきましたが、速度はゆっくりだったようです。

つまり、都心物件の場合はともかく、首都圏でも都心から距離があり、所有して一定期間が経過してからの下落であれば、それほど恐がる必要はないということです。株価の下落と違って、すぐに売らなければ危ないということもありませんから。

下落はむしろチャンスになります

10年くらい前まで、相続税対策の需要を見込んで、大手不動産会社がアパート物件を建てまくった時期がありました。

10年たって、そのような物件が実際に相続され、もらい受けた物件なので管理しきれず、売りに出されるというケースが最近増えてきました。どんどん出てくるタイミングが今後あると思います。

つまり、地価が下がって、物件が買いやすくなるチャンスがこの先あるような気がしているんですね。そのときに、キャッシュフローを持っているか、金融機関のほうから借りてくださいとお願いされるほどの資産を形成していれば、格安物件を手に入れることもできます。

要は、地価の下落が起こる前までにどこまでできるか。これが今後の分かれ目になっていくと思います。

一定の資産さえ作れれば、地価下落はむしろ絶好のチャンスになるんです。うちの会社でも、絶対にそういうタイミングが来るから、今のうちにお客さんを育てて、資産を作っておいてもらおうと、本気で考えているくらいですから。

不動産は金融商品の性質を有していますから、上がり下がりは当然あります。しかし、このように考えれば、上がったときはもちろん売却益などを出すチャンスですが、下がったときもチャンスととらえることができます。

短期間で出られる出口を見つけておくと安心です

よく、不動産投資では入口よりも出口が難しいと言われます。地価の下落や入居ニーズの減少といった市場動向は、せいぜい見通せても2、3年といったところで、「5年後、10年後にこうなる！」と確実に予測できる人はいません。

とくに、地価がいつどれくらい下がるなんていうことが分かるはずもなく、これればかりはどうにもなりません。

下がったときがチャンスにもなるとはいえ、そこが不動産投資の大きなリスクであるのは間違いありませんから、短期間で出られる出口を見つけておくのもリスク回避の現実的な方法になると思います。

4時間目の授業で、「築古・5年後売却物件」の話をしましたが、これには減価償却の節税メリットばかりでなく、そういう意味もあるんですね。

減価償却期間が終了し、譲渡益課税の税率が20％に下がる5年後に売却するというのが基本スタンスですが、5年経った時点で思った以上にキャッシュフローが出ていて物件にも問題がない、地価も下がっていないという状況ならば、必ずしも5年後に売却する必要はないのかもしれません。

実際、私自身も5年後に売らずに持ち続けている物件もあります。しかし、それでも基本的に5年後売却の戦略を持って購入しているのは、市場動向だけは誰にも予測不可能だからです。

ですから、出ようと思えば出られる最短の出口で、しかもメリットの大きい5年後売却というルートを確保している。そういうことなんですね。

株やFXをやっている人ならお分かりかもしれませんが、株の値段が上がったり為替が予測どおりに動けば、含み益が出ますよね。しかし、リアルな利益確定というのは、売らない限り出ません。いったん利益が出たように感じても、次の日には大損することがあるのが、こうした世界です。

不動産投資の世界ではそれほど極端なことはめったに起こりませんが、キャッシュフローの成長曲線が終了した5年後にいったん利益を確定させ、また次の物件で4年間の成長曲線を味わったほうがいい。そういう考えもあってやっている方法なんです。

この方法がいいのは、5年後には出口から安全に出られますが、必ずしも出なくてもいいということ。物件が気に入っているとか、キャッシュフローが当面は順調に出そうだという時は、出るのが7年後になっても10年後になってもいい。減価償却のメリットがなくなった分は、また融資を受けて別の物件を購入すれば、そこで継続させることができますから。

入居率のポイントは管理会社です

地価下落に対する考え方や対処法を述べてきましたが、実は、それよりも物件のオーナーさんがメインに考えることは、とにかく入居率を下げないように頭を巡らすことだと、私は思っています。

地価が上がろうと下がろうと、入居率が悪ければ、肝心の収入が確保できません。そのためにどうするかというのが、どの本にも書いてあると思います。

まず大事なことはやはり、管理会社選びだと思います。と言っても難しく考える必要はなく、その管理会社が管理する物件が平均でどれくらいの入居率になっているかが分かれば、そこに預ければ少なくともそれくらいの入居率で回るはずだということを示していますから、大事なポイントだと思います。

これは不動産会社に調べてもらえば分かると思いますし、現状の管理会社の入居率がちょっと低いなと感じたら、不動産会社に別の管理会社を紹介してもらえばいいと思います。

この他、入居率を上げるための施策としては、設備を最新のものに換えるとか、壁紙をおしゃれにするとかさまざまな方法があります。ただ、私自身が投資している都心からちょっと離れた地方物件（群馬）の場合、設備を最新のものにするというのは、費用対効果から考えるといかがなものかという感じがしています。

都心部のアパートであれば、「各部屋にプラス2万円の設備投資をすれば、その分家賃が2000円上げられますよ、投資分は10カ月で回収できます」といった話が管理会社からあったりしますが、私が持っている群馬のワンルーム2万～2万5000円程度の物件で、家賃を2000円上げるのは相当に大変なことだったりします。

設備の費用は東京も群馬も変わらないわけです。東京のほうがエアコンの値段が3倍高いなんてことはありませんよね。ということは、都心の物件と地方物件では、そこの考え方を変えて対処したほうがいいという結論になるわけですね。

たとえば、入居者が変わる原状回復時にクロスをおしゃれにするとかいろいろありますが、要は、管理会社や客付会社と相談して、彼らが紹介しやすいようにしてあげることです。

コラム

管理会社に入居率を上げてもらうには……

物件のオーナーになったら一番重要なことは入居率の管理です、と言いました。

実際、どんな物件であろうと入居率さえキープできればそれが一番のリスク回避につながるわけですから、入居率には注意を払ってください。

ただ、そうは言ってもしょっちゅう地方まで出かけていって、入居者のところに菓子折りをもって挨拶に行き、「できるだけ長く居てくださいね」とやるとか、そんなことは本業のあるサラリーマンにはできませんよね。

そこまでやるのならこれはもう労働ですから、資産収入と労働収入のミックスになってしまいます。

むしろ、できる限り効率良く仕事して労働は減らしたいわけですから、管理会社の人たちに良い仕事をしてもらうにはどうすべきか、ということに頭を使ったほうが効率的だと思います。

ここで管理会社の仕事を整理しておきましょう。

管理会社は物件のオーナーさんから家賃収入の5%くらいを受け取り、オーナーさんに代わって家賃管理、クレーム対応、入居者との連絡、修繕の提案などを行います。ただ、これだけですとビジネスにならず、部屋を探しているお客さんに仲介をする仕事、そしてリフォームの請け負いなどをメインの収入にしています。

ですから管理会社にとって客付けは大事な仕事なのですが、いくつもの物件を扱っていますから、どの物件も公平に扱ってくれるとは限りません。

仮に、管理会社が特定の物件をひいきにしてくれ、紹介回数が2倍に増えたらどうなるでしょうか？　入居率はぐんと、これはもう全然違うというくらい圧倒的に上がります。

つまり、管理会社の人がどれくらい営業に動いてくれるかが入居率を左右しますから、ここは大事なポイントと考えるのが賢いオーナーさんだと思います。

そこで作戦ですが、名刺を渡して会話を交わし、名前を覚えてもらうことはもちろんですが、管理会社の担当者さんは不動産会社の中では女性が多く、若く経験の浅い方も多かったりしますから、たとえばコンビニで売っているギフト券カードを2万円で買ってプレゼントするとか、旅行券でもいいですし、そうしたことをしてお近づきになるだけでも、扱いが違ってくることがあります。オーナーの中には、新規の入居者が入るたび、あるいは満室になるたびに管理会社の接待をされる方もいらっしゃるくらいです。

言ってみれば「心づけ」ですが、実際のことを言えば、その効果たるや、設備を良くして入居率を上げようなんて考えるより、高いというのが私の実感です。

7 時間目

はじめの一歩を踏み出す「マインド」の授業

不動産投資では、最初の物件を購入した人が2棟、3棟と増やしていくことより、最初の一歩を踏み出す決断がなかなかできないと言われます、スタートラインに立っても、そこから一歩、足が前に出ないんですね。

最後に、この本でご登場いただいた大西さんと森山さんを交え、どういうふうに考えたら頭のスイッチが入り、一歩足を踏み出すことができるのか、気持ちの部分を中心に語ってみたいと思います。

目的はお金儲けではありません

大河原　最後にこれから不動産投資に一歩踏み出そうとしている方、一歩踏み出したいんだけど、その手前で迷いが生じ、スタートラインを越えられずにいる方に向けてメッセージをいただければ。

大西　まず「自分がこうなりたい」という理想的な姿を明確に描いてみたらどうかと思います。つまりは「なぜ不動産投資をやるのか」の動機づけですね。

私の場合は、まずファーストステップとして自分の年収くらいのキャッシュフローを作りたいということでした。なぜかと言えば、それが達成できれば、自分の本業のほうの職業の選択肢も増えてくると思ったんです。経済的な理由から一つの職業、一つの会社に縛られるのではなく、自由な選択ができれば、自分の可能性も広がりますよね。

自分のことだけでなく、家族のことも考えたらやはり「ここは年収並みのキャッシュフローを作りにいかないとダメだ」と強く思ったことが、一歩を踏み出す原動力になりました。

大河原　たぶん、最初の一歩を踏み出せないでいる方は、その動機づけの部分が弱いんですよね。明確なビジョンが描けていないというか。

森山　ただ何となく「不動産投資はちょっといいかも」くらいだと、動くお金も大きいですから、「やっぱりやめとこうかな」ということになる人は多いのかもしれません。不動産投資をやることによって、「将来、自分はこうなりたい、こうなるんだ」という理想像が描ければ、迷いは生じないと思います。

ただお金を儲けたいという考えも否定はしませんが、それが人生の目標、目的ではないわけで、お金を稼ぐことによって、自分はこうなりたいんだというものがあって、だから不動産投資をやらなければいけないんだ、くらいまで行ければ最初の一歩は踏み出せると思うんですが。

大河原　初めのほうでも言いましたが、不動産投資のプレーヤーになることが人生の目的でもなければ、お金を稼ぐことでもない。自由で選択肢のある人生、一言で言えばお金に束縛されないもっと豊かな人生を手に入れることが目的なわけですから、その手段は不動産投資でなくても何でもいいわけです。

たまたま私は不動産投資を応援する会社をやっていて、普通の人よりもその世界は知っていますから、この本で不動産投資をやってみませんかと言っているわけですが、他にもっといい手段があるのなら、そっちをやるべきです。

ただ、これまで述べてきたように、不動産投資は未経験の方たちが想像しているよりリスクが低い。しかも、自己資金があまりなくても、大きなお金を動かして、大きな運用ができる。つまり、ローリスク・ミドルリターンでキャッシュフローなり資産なりを作ることができる。そういうものは、他にあまりないという気はしています。

「こうなりたい自分」になれる可能性が手に入ります

森山　意思決定するのは自分ですから、他人の物差しではなく、自分の中に物差しを持たないことには判断がつきません。物差しがないから判断がつかないで迷う、腹が決まらないということにつながっていくんだと思います。

大河原　この本を読んでもらって、多くの人にその物差しを持ってもらえるといいのですが。

大西　私は不動産投資を始めてたった10カ月ですが、この時点で8棟の物件を購入し、目標にしていた年収くらいのキャッシュフローに近づきつつあります。そうなれば、本業のほうの選択肢が増えて、自由度が増すんだからと思って始めたわけですが、まさに今、その状況が生まれつつあります。

簡単に言えば、すごく気が楽になるんですね。これからどうするかは思案中ですが、本業の割合を減らしていって、たとえば海外に住みながら自分がやりたい仕事をやっていくなんてことができたらいいかもなと思っています。

それも、そういうことが現実に可能な状況が不動産投資によって生まれたから思えることなんですね。

大河原　1年たってないんですからね。もちろん皆さんが大西さんと属性が一緒ではないですから、誰でも大西さんのようなことができるとまでは言いません。でも、たとえ年収が低くても、やり方によっては多少時間がかかるかもしれませんが、大西さんのようになれる可能性は皆さんが持っている。条件は違うけれどチャレンジする機会は平等に与えられていると言いますか、それが不動産投資の魅力だと思います。

大西　皆さん、「できることならこうなりたい」と思っていることがあると思うんですよ。ただ、「どうせ自分はそうはなれない、不平不満があっても与えられた職場で、コツコツとやっていくしかない」とあきらめてしまっている人は多いはずです。でも、この本を読んでいただいた方には、そこをあきらめず、不動産投資の一歩を踏み出してみたら人生の景色が変わりますよ、と言いたいですね。

森山　とにかく最初の一歩は恐い。それはよく分かるんです。私も恐かったですから。でも、この本を読んだ方が、自分には手の届かないものだと思っていた不動産投資を身近に感じ、「それならできるかもしれない。とにかく不動産会社に相談してみよう」となってもらえたらいいなと思います。皆さん、できますよ。年収が少ない私でもできたんですから。

大河原　読者の皆さんへの激励が出たところで、この本を締めたいと思います。大西さん、森山さん、ありがとうございました。

大西　こちらこそ。皆さん、不動産投資を始めるなら、まずライフラリさんに相談するといいことがあると思いますよ。（笑）

コラム

社会的弱者にも部屋を貸してあげてください

これは入居率を上げたいからやるという話ではありませんが、賃貸物件の従来のオーナーさんの中には、保証人のいない外国人や生活保護を受けている方には貸さないという方が多くいました。今でも普通にいます。でも、思うのですが、そういう方たちもお金はあまりないけれど、自分が住める安い部屋を求めているんですね。

　ですから、これからオーナーになろうという若い世代の方に言いたいのは、そういう人たちにも保証会社をつけてあげるとかして、できるだけ貸してあげて欲しいと思います。それも一つの社会貢献というか、部屋を貸すことで幸せになる方がいるのなら何とかしてあげようという気持ちを持っていただけたら嬉しいです。

　不動産投資はもちろんビジネスですが、同時に人の役に立つことができます。衣食住と言うように、どんな人にも家は絶対に必要なんですから、必要としている人にはできる限り貸すという方向で、みんながハッピーになるように考えていただけると、不動産投資で人に貸し出すアパートを所有していることの経済的意味に、社会的意味が付加されると思うのです。

どこにハッピーを求めるかは3パターンあります

この本の最後にあたり、少し引いた視点から不動産投資をとらえてみたいと思います。まず、私が作ったライフプランの図をご覧下さい。（次ページ図参照）

縦軸が1日24時間の時間軸で、横が年齢の時間軸です。毎日3分の1は睡眠時間だとして、現在30歳だとすれば、枠で囲んだ時間がこれからの人生で起きている時間になります。斜線で示したのが仕事をしている時間（ワーク）で、仕事に費やす時間は人それぞれですが、だいたいこんなところでしょうか。すると、大枠でとらえると、残りが仕事をしている以外の時間（ライフ）ということになります。

このワークとライフの合計が言わば人生の総体時間になるわけで、これが全部ハッピーになれれば願ってもないわけです。しかし、なかなかそうはいかないので、人によってどこにハッピーの比重を求めるかという考え方が違ってきます。

大きく言って、３つのパターンがあると思います。

パターン1は、仕事以外のライフの部分を充実させ、ここをハッピーにしようというタイプ。これは公務員に多く、ある程度就労時間が読める仕事で、一般の会社に比べて残業

大枠メソッド 10

ハッピーと人生の時間の関係

不動産投資は、ワークを減らして
ライフを増やしてくれる!

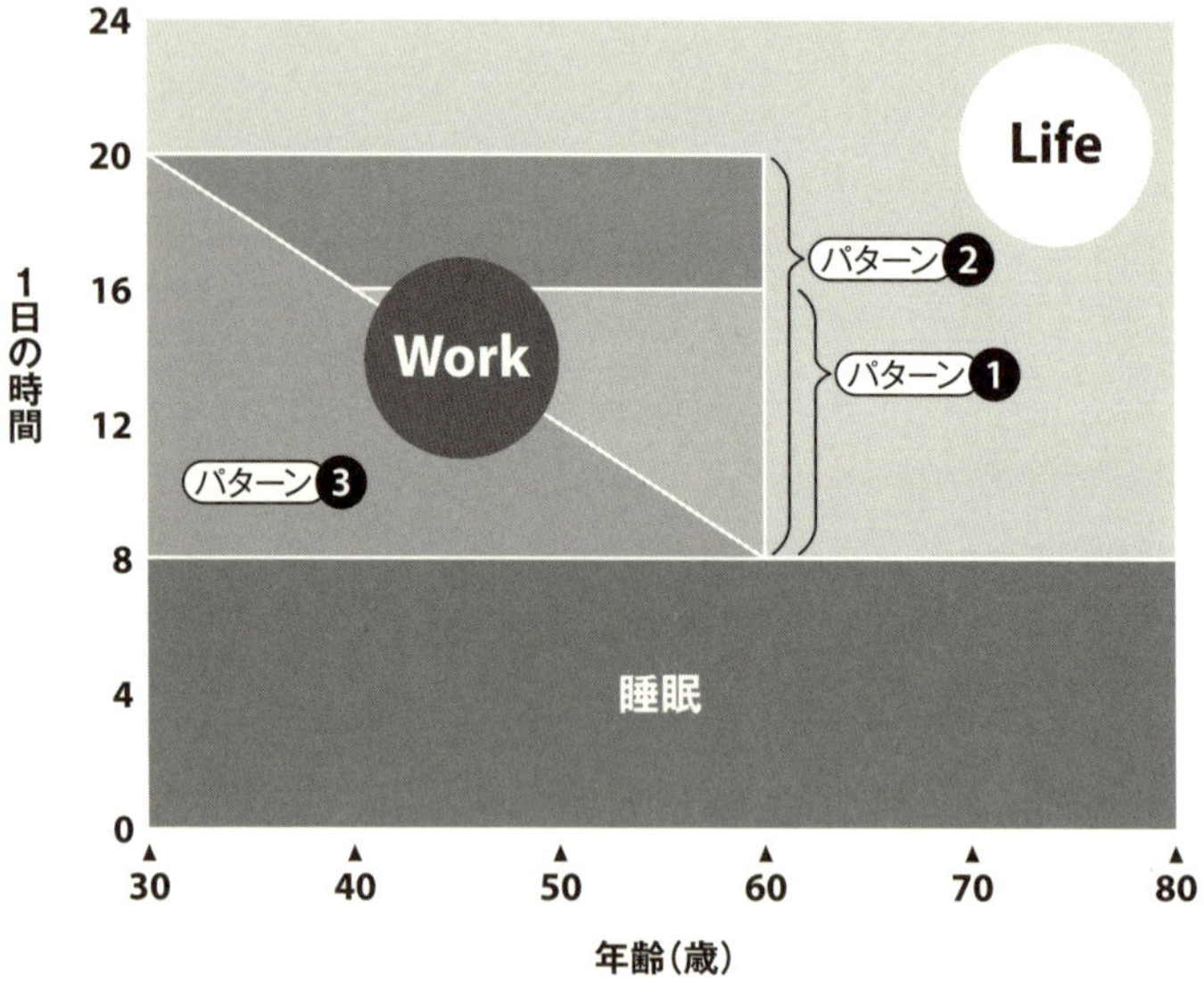

※30歳以前は省略

時間も少ない傾向があるので、もともとそういう指向の方が多いのかもしれません。

パターン2は、ワークの部分をハッピーにして生きることを重視するタイプ。これは自分が好きな職業に就いている方です。自分の才能や得技を生かして働いている人、芸能人とか作家さんとか、映画監督とかプロ野球選手などの花形職がその典型です。

パターン3は、ワークの部分をなるべく減らし、自由な時間を増やすことに重きを置くタイプです。僕らの不動産業界に多いタイプで、今稼ぐだけ稼いで暇になったら思いっきり遊びましょうという人たちですね。太く短く生きるタイプと言いますか。

おわりに――ハッピーとはお金ではなく時間です

不動産投資は、この3パターンのすべての方にニーズがあります。仕事の他に収入がなければ、ワークの時間をできるだけ短くしたり、余裕のある時間を楽しむことはできません。そこで、不動産投資で不労所得を作り、この生き方を実現しようというわけです。

仕事の時間を減らせば労働収入は減りますから、その分を資産収入で補ってあげる。いや、補って余りある収入を得ることを目指す。不動産投資を始める方には、こういう考え方の人が多いです。

もちろん、仕事で成果を上げ、出世して大きな報酬を手にすることを目指す人は、不動産投資などに目もくれないかもしれません。あるいは、公務員として余暇の充実した人生を送り、老後は貯金と年金で何とかやっていくことができれば、それで満足だという方もいることでしょう。

生き方は人それぞれですから、何が正しくて何が間違っているという話ではありません。しかし、少なくともこの本を手にとってくださった皆さんは、おそらく右半分のライフの時間をハッピーにしたいと思っている方が多いのではないでしょうか。

今はあくせく働いているけれど、いつかは都内近郊にマンションを買いたい。フェラーリーを買い、定年後には豪華客船で世界一周もしたい。あるいは自分で事業を起こしたいとか、お店を持ちたいとか、いろんな方がいらっしゃると思いますが、どれも人生をハッピーにしたい話だと思います。

「というと、ハッピーを得るというのは、結局お金の話ですか？」

こんな声が聞こえてきますが、もちろんお金が絡む話ではあるのですが、実はハッピーを得るというのは、時間の話なんですね。つまり、自由な時間を得るためにお金が必要になるわけで、お金のために時間を使う話ではない。

お金を得るために膨大な時間を使ってしまったら、お金は貯まるかもしれませんが、ハッピーな時間はその分減ってしまう。ですから、理想は、時間を使わずにお金を得て、時間を余らせることなんですね。

収入には労働収入と資産収入しかないという話をしましたが、労力=自分の時間を使ってお金を稼ぐのが労働収入で、時間を使わずにお金を稼ぐのが資産収入と考えていただければいいと思います。

時間と労力を使わずに収入を得ることができれば、労働収入を得るために使う時間を減らすこともできます。

人生は時間のマネジメントです。人生の目的はお金ではなく、自由でハッピーな時間をどれだけ持てるかです。そこをはき違えなければ、不動産投資はその時間を得るための有効な手段になると思います。

もちろん、財産3分法（投資は預貯金、株式、不動産と性質の違うものにリスク分散して行うのがいいという考え方）の話もありますから、不動産投資だけをおすすめするわけではありませんし、私自身も不動産投資だけを考えているのでもありません。

ただ、私自身が身をもって経験した不動産投資の実感からこれだけは言えます。

やらないより、やったほうが間違いなくいいです。

とにかく、はじめの一歩を踏み出してください。

私でよければ、皆さんからお声がかかれば、いつでもサポートいたします。

長々とお付き合いいただきまして、ありがとうございました。この本を読んでくださった皆さんの幸福を心より願っております。

大河原雄剛　おおかわら・ゆうごう

1976年生まれ。中央大学商学部会計学科卒。mensa会員。不動産投資コンサルタント会社 株式会社ライフラリ代表。

不動産投資家でもあり、現在、収益不動産15棟を所有し、さらに拡大中。

自己の不動産投資体験とともに、年間数百名のお客様と会い、年間100棟以上の取引を通じて得た経験を生かし、成功する投資家仲間を増やすという信念のもとに株式会社ライフラリを設立。

近年の不動産投資ブームが、本来実利とは異なるはずのキャッシュフローで生計を立てるという風潮にあることに不安を感じている。お客様の投資を失敗させず、10年後20年後のハッピーライフを実現させるために、メリットだけでなくリスクを分かりやすく伝えることをモットーとして活動している。

大西壮和　おおにし・そうわ

投資家。大手SIer、リクルート、ベンチャー共同創業など経験し、現在は有名ベンチャーの役員の傍ら、不動産投資、エンジェル投資を中心とした投資活動を行う。

計8棟の不動産を約10カ月というスピードで購入した「超高速不動産投資」を実現し、現在の保有不動産は5億、家賃収入4500万、稼働率は93%を超える。

森山二郎　もりやま・じろう

中小企業サラリーマン。将来への不安から不動産投資に興味を抱き、2015年に3000万円の収益物件を購入。今後は着実なステップを踏んで、物件を買い増していきたい意向。現在、不動産投資の本を読むなど勉強中。

編集◉飯田健之
編集協力◉松山久
本文デザイン・DTP◉桜井勝志
装丁◉rudy69

はじめの一歩を踏み出す一冊
ふつうのサラリーマンがもっとハッピーになる
不動産投資の授業

2016年11月11日　第1版第1刷

著　者　大河原雄剛
発行者　後藤高志
発行所　株式会社廣済堂出版
〒104-0061　東京都中央区銀座3-7-6
電話　03-6703-0964（編集）
03-6703-0962（販売）
FAX　03-6703-0963（販売）
振替　00180-0-164137
URL　http://www.kosaido-pub.co.jp

印刷所
製本所　株式会社 廣済堂

ISBN 978-4-331-52053-6　C0033